白水鑑心

楊月鳳校長的教育之道

主述——楊月鳳
撰文——王竹語

推薦序

飲純淨開水，品非凡人生

王端正

有人說：「成功」不是世俗所謂的功成名就，也不是紅塵裏的名利雙收，而是敞開心胸去探索，去檢視，去突破，去超越，去實現自利利他的過程。

如果用這個標準來定義「成功」，無疑地，楊月鳳校長是一位令人景仰的成功老師，也是傲立杏壇的成功校長。

從事教育工作近七十年，楊校長的熱情從來沒有降溫過。除了當老師愛學生，當校長愛教育外，就是慈悲利他，別無他念，「弱水三千，只取一瓢飲」，她終身不婚，算是嫁給教育了吧！一如她「一以貫之」堅持只喝白開水一樣。「師者所以傳道、授業、解惑。」楊校長做到了，還用敞開心胸的大愛，普愛天下的孩子，給孩子無可限量的未來。難怪直到現在，孩子不分大小，都稱呼她為「校長奶奶」。

證嚴上人說過：「父母是孩子的模。」而老師是學生的「範」。教育是老師與家長互為「模與範」的教化過程，只有各盡職責，相互配合，百鍊鋼才能化為繞指柔，不起眼的璞石才能琢磨成美玉。楊校長在其一生的教育生涯中，始終扮演著亦師亦友，亦父亦母的角色，將孩子的啟蒙教育一肩挑起，讓人印象深刻。

一九三五年楊校長出生於桃園觀音鄉，小學四年級，第二次世界大戰進入尾聲，老百姓遭受美軍大舉轟炸的戰亂，一天空襲警報數起，民生凋敝，生活艱辛且不平靜。

即至日本戰敗投降，臺灣光復，楊校長的小學教育之路，迎來跨朝代的轉折，是日文教育的終結，也是中文教育的開始。

這種轉折何其大，而適應又何其難，但「有心就不難」，楊校長的心中，從來沒有一個「難」字。她不僅順利地從小學畢業，也順利地考進初中。一切看似輕而易舉，其實是經過千錘百鍊。

家教是贏得人生的起跑點，也是形塑人格的關鍵站。楊校長有一位善良堅忍的母親，也有一位巧工女紅的外祖母，兩人的身教與言教，養成了楊校長遇事不怕難的人生觀與「成功不必在我」的價值觀。

父親勤奮正直，可惜英年早逝。在母親溫良恭儉讓、待人處事的耳濡目染，外祖母傳統婦德的教導，楊校長從小就知道什麼是「忍人所不能忍」，什麼是「得理應饒人」。比起同年齡的女孩，她顯得懂事乖巧而勵志。

父親去世，迎來的世態炎涼，讓她學會了母親的堪忍與堅韌，知道人生沒有過不去的坎，不被擊倒，就是勝利，能夠站起，就有生機。

正向、樂觀、開朗、堅毅、不屈，是楊校長童年得自母親與外祖母的身教遺傳，給她在人生道路上有了披荊斬棘的勇氣基因。

《白水鑑心》是楊校長一生春風化雨的歷程自述。人生路上，有些事，有些人，有些名、有些利、有些人際之間的複雜關係，剪不斷理還亂，只要心存善念，胸懷感恩，具足寬容，一切的複雜，頓時都化為簡單而微不足道。這點，楊校長確實做到了。

草木一秋，花開一季，轉個身就是一輩子，在這本書中，我們看到的都是正向的力量，都是不屈的精神，在楊校長的眼中，她所遇到的每個人都是善良的，不是貴人，就是恩人，要不然就是樂於助人的好人，絕少提到壞人與仇人。這就是人文的涵養，這就是「嚴於律己，寬以待人」，這就是一種人生的境界。

國小畢業，讀完初中，為減輕家庭負擔，她以優異成績考上新竹師範學校，畢業後應母校新坡小學校長的邀請，回到母校當老師。人生非常奇妙，轉個身，換個角色，從前的老師，頓成同事，過去是學生，頓成老師，那時她只不過十八歲。一位青澀的少女，面對角色的轉變，意識難免忐忑，心中難免惶恐，但很快地，她就能從容以對，如非有善巧的尊重，如何能與過去的老師無縫接軌；如非有熱情的智慧，如何能融入日常的教學；如非有堅定的自信與真誠的愛，又如何能贏得家長的肯定與校長的讚譽。

「欲窮千里目，更上一層樓」，這是楊校長不斷自我昇華的動力。進修再進修，精進再精進，「時間不待人，老大徒傷悲」，於是，楊校長利用課餘時間完成師專學業，再進修師範學院，取得學士學位，步步有計畫地提升自己的學歷，同時也步步增強自己的教學能力。

楊校長也從單純教書的老師，晉升為主任，更在千挑萬選、競爭激烈的校長選拔中脫穎而出，成為一校之長，證明了「成功不是偶然」，「一分耕耘，自會有一分收穫」的哲語不虛。其間，楊校長轉任多所學校，所任學校都能因地制宜，發展出與眾不同的特色，深獲各界好評，得獎無數。

一九九七年七月楊校長從臺北縣錦和國小退休，八月接受了證嚴上人的託付，承擔起籌辦花蓮慈濟小學的重責大任。那是一所注重慈濟人文的品學並重的學校，一所海內外慈濟人殷殷期盼、眾所矚目的學校，一所智德體群美，五育並重，具有實驗性質與重在啟發的私立學校。

籌辦過程，意見，不可謂不多；壓力，不可謂不大，但是「路遙知馬力，日久見人心」，楊校長頂住了壓力，化解了種種的難題，花蓮慈濟小學終於在二〇〇〇年正式招生了。

開學伊始，百事待舉，首要之事就是形成一種清新脫俗與眾不同的學風，一種以戒為制度、以愛為管理的教風，以慈悲喜捨為校訓的校風。

楊校長早年加入慈濟教師聯誼會，知道《靜思語》的妙用，運用簡潔易懂、能直指人心的《靜思語》教學，不僅學子獲益，家長也啟發良多，消除了不少為人處世與親子關係之間的無名煩惱。

一念三千，三千一念，善惡就在一念之間。證嚴上人《靜思語》說：「天底下，沒有教不會的學生，只有不會教的老師。」楊校長用老師心，菩薩心，落實愛的教育，讓孩子善於轉念，樂於上學。校園裏總是充滿了朗朗的讀書聲，與師生爽朗的歡笑聲。

「掃廁所不是懲罰，而是榮耀」、「好學生才有資格掃廁所」，這種嶄新的觀念與作法，在一般學校可能會匪夷所思，但在慈濟小學，卻成為風氣，並認為是理所當然。因為「人生以服務為目的」、「助人為快樂之本」、「行善行孝不能等」、「做好事，不能少我一個人；做壞事，不能多我一個人」，為善競爭，校園共好已成師生共同的辦學理念。

二〇〇五年，楊校長從慈濟小學屆齡退休，續留慈濟教育志業體，協助慈濟各中小學的永續發展與優化。因緣不可思議，泰北清邁慈濟學校也在二〇〇五年正式開學。楊校長屆齡退休後的另一使命就是關懷這所學校的發展。

「許孩子一個希望的未來」是一九九五年慈濟泰北三年扶困計畫的延續，是「拔窮根，種善苗」的艱巨工程。「再窮不能窮教育，再苦不能苦孩子」，窮困地區的孩子，更應該給他們一個受到良好教育的機會，培養他們「出人頭地」的自信，讓他們知道受到良好教育，就有機會可以翻轉坎坷的命運。

楊校長以耄耋之年，不斷來回臺灣與泰北之間，關懷與輔導這所慈濟設在異國偏鄉的學校，不可謂不辛苦，但她卻甘之如飴。現在泰北清邁慈濟學校辦學有成，學生規模一千餘人，成為泰國政府認證、為數極少的品德人文典範學校之一。

「仰不愧於天，俯不怍於人」，這是楊校長的座右銘，終生信守不渝。為作育英才，楊校長終生不婚，把青春年華與暮年歲月都奉獻給教育，一生故事，色彩繽紛，琳琅滿目，深具典範性，足為教育工作者式。因不忍遺珠，故促其回憶成書。

書成，出版在即，楊校長邀我作序，我以非教育專業，推辭再三。楊校長則說：「當時你要我回憶成書，我勉為從之。現在我要你寫序，你不能推辭。」於是只好應令。

其實，只要詳讀這本千呼萬喚始出來的好書，字裏行間，都是啟發，段段都是心血，篇篇都擲地有聲，再多的序言，都是累詞贅語。雖然如此，還是樂於推薦，以對楊校長獻身杏壇所作的付出，表示至誠的感恩與敬意！

（本文作者為佛教慈濟慈善事業基金會副總執行長暨慈濟人文志業中心執行長）

生生世世人師行

林靜憪（碧玉）

楊校長的新書即將出版，請我執筆推薦序，聞言即毫不猶豫承擔，同時也百思齊湧。

猶記當年承師命，出面邀請楊校長東來花蓮，協助籌備慈濟小學（現為「慈濟大學附屬高級中學附設國民小學部」），電話那一端，她非常客氣地表達上人的悲智宏願人人敬，慧海深深蘊萬千，慈濟基礎教育如此重要，教育界人才濟濟，一定有比她更適當人選，幾經邀約才終於應允。

藉優先拜讀大作之賜，方知楊校長志清志高菩薩心，敬佩歷經戰亂父早逝，孤兒寡母艱辛難度日，慈母身教堅守信用，代父償還似真似假不明債，堅韌淡定樹立家風。楊校長精勤求學堅守本分，在其職謀其志，歷數十年如一日，克盡職責，面對惡風獨堅定，不畏紅塵世風失職位，只畏作為不當樹惡規，有違教育本質失風範。風骨清高令人敬！

書中序曲一段文字撼人心：

「一個七歲小女孩蹦蹦跳跳來到菩提樹下……她雙眼滴溜溜看著我，明亮、清澈、通透，彷彿能看見她眼裏的我。這樣的雙眼，我並不陌生，永遠看不膩……孟子曰：『聽其言也，觀其眸子，人焉廋哉？』」

我好似讀到校長內心對孩子無盡的愛，好像也看到孩子深邃的明眸，那麼那麼……純真。

拜讀其文真震撼，感動一個教育家對孩子如此情深，不禁詠歎：

清淨無染鳳飛翔
身值戰亂不畏難
母節堅毅猶附身
學而不厭默而識
勇於育人溫而威
敏於任事慎於言
言必有信坦蕩蕩
志於道行思無邪
鳳攀崚峭逾甲子

春風化雨潤無聲

《白水鑑心》一書傾瀉出，日治時期基礎教育的內涵，生活教育的可近性，勾畫出臺灣基礎教育史的拋物線，再由慈小的籌設歷程，細思細品證嚴上人「教之以禮、育之以德」的理念，不由打開記憶的盒子……

好像就在昨天，上人提出「在花蓮，為缺乏醫療的東部地區，興建一所醫學中心」的呼籲，在沒有人、沒有錢、沒有任何資源的現實中，只有堅定利他的信念，歷經八年披荊斬棘，於一九八六年八月啟業，卻面臨醫護專業人員不願東來的窘境，於是為了醫療的需要，興辦慈濟護專、籌建醫學院，更了解到醫療從業人員的子女基礎教育的必要性，興辦中小學及幼兒園，安定醫療人員的心。

宛如就在昨天，追隨上人尋覓土地辦理中小學，幾經波折終於找到在美崙溪畔、牛車路的兩旁農地，雖路小交通不便，但有中央山脈環抱，山雖陡峭，山峻卻峻秀，地形高低落差大，上人歡喜祝福，土地變更啟動。

為辦理一所超越國際標準的學校，委託美國知名 SOM 設計公司規畫，我遍訪美國校園，再與之討論，為尊重大地，就原地形地貌設計，建築物高低錯落有致，趣味十足，蜿蜒彎曲拱橋典雅，生態滯洪生物齊聚，迴廊步道蘊創意，中軸端景是圖書館，西側更有藝術美術館，包括陶瓷燒窯、音樂引頸歡唱，廣場可跳格子是世界地圖，藉玩耍培養國際觀，寓教於樂坡地創座席，具可跳躍亦能朗讀靜思語，境教處處卻又如捉迷空間，天地萬物連成一趣，隨著季節，校園景觀有趣變化，令人驚奇，導引學生探索萬物增邏輯，這一切的一切是團隊追隨上人的理想，共同努力的成果，楊校長辛苦至極，功不可沒。尤其工程剛動工，即發生九二一地震，教育不能等，優先利他協助中部地區興建地震損毀的學校，而暫緩慈小的工程，楊校長毫無怨言地承受壓力，至今想起真覺對不起她。

開學後，國內外專家前來參觀，驚訝學生氣質、羨慕環境、硬體建設，更震撼他們的腦袋，是好學生才能爭取到掃廁所、當志工的機會，處處展現正向教育作為，怎能不驚奇。

緊接著，楊校長協助臺南慈濟中小學的籌備規畫到啟用，奠立慈濟中小學的制度與校風，更為海外泰北中小學的規畫，培育師資等奔西東，甚至常住泰北陪伴，如今泰北清邁的慈濟學校，是泰國的典範學校。

而今，我們都身為靜思精舍的清修士，承擔精舍執事工作，楊校長的投入更是令人尊敬的典範，不由想起慈小豐厚人文的環境與校歌，與楊校長的行儀竟是那麼的融合，深深體會她發願來生再回慈濟教育志業服務的宏願，不由哼唱花蓮慈小創校校歌：

小溪尊重山坡，青草關懷花朵
自然界的萬物，大家互助合作
待人要有誠信，做事必須負責
校園勤學服務，希望健康快樂
我們學習行善修德
教人生歌唱幸福，讓世路舞出遼闊
我們恪遵慈悲喜捨
教眾生耕耘友愛，讓社會收穫祥和

祝福

《白水鑑心》響國際，
願願圓滿自在行。

謹獻上：

白水滴滴天上來

隨圓就方育英才

無論西東或南北

晶瑩剔透無窮際

無剎不現諸有情

潛修靜思浩浩法

真如永鑑朗乾坤

生生世世人師行

（本文作者為佛教慈濟慈善事業基金會副總執行長）

平凡的奧妙

簡聰成

國民小學是公益性組織，內含行政、教學和學習三大系統，每位校長有辦學的目標，級任老師有班級經營的目標，學生也有其學習的目標，三者如同鐘錶大小三齒輪轉動一般，彼此牽動。校長是傳承及構築校園文化的重要舵手，其領導須隨時排除妨礙學校發展的因子，提供良好的軟硬體設施，讓老師與學生能夠教學增長，使學校正常和諧的運作，因此校長的教育理念及執行力對學校教育的發展至關重要。

《白水鑑心——楊月鳳校長的教育之道》一書，不僅是一本楊校長的傳記，同時也能窺見臺灣國民教育的演進歷程。首先從時間的長軸來看，一八九八年的日治時代，日本將國語傳習所改為公學校與小學校，正式揭開臺灣國民教育的序幕，至今已有一百二十四年。楊校長童年就讀新坡公學校時，前四年是接受日本教育，迨一九四五年日本於第二次世界大戰戰敗後離臺後，臺灣的小學開始實施短期的「漢學私塾式」教育，用漢語學習三字經、千字文及其他漢文，後來改用注音符號學習國民小學課程。小學畢業後，楊校長隨即考上中壢中學初中部，當時全臺能夠讀初中的學生一屆大約僅二萬人，再加上社會上普遍重男輕女的觀念，因此能上初中的女孩更是少之又少。一九五〇年，楊校長考取新竹師範學校，三年後分發到新坡國小當老師，前後共經歷了十七年教師、二十五年校長的教職生涯；公職退休後，她繼續在慈濟教育志業發展處服務了十年。楊校長與國民教育的關係，若自一九四一年入新坡公學校就學算起，至二〇一五年從慈濟教育志業發展處退休為止，迄今已有八十一年；若僅以她投入教育服務工作的時間來計，也長達六十二年之久。

在楊校長辦學任內，遭遇了不少挑戰，她總是一步一腳印務實的解決大大小小問題。無論遇到不務正業只喜歡作公關的主任，或是賣劣質米的廠商，或是學生砸破教室玻璃的事件，或是辭退不適任的教師，或是有人覬覦校長職位的挑戰等，她總能明辨利害關係，審慎處理，使學校往更好更善的方向前進。哈佛商學院教授約瑟夫．巴德洛克（Joseph Badaracco）著有《默默領導》一書，楊校長的領導風格，正如此書所言，「默默領導人會在規則的界限內，發揮想像力及創造力，設法找出或創造轉圜的空間，維護自己的價值理念和承諾」。

在《白水鑑心——楊月鳳校長的教育之道》第一章裏，描述楊校長幼年時期從「洗衣、洗襪及擦桌子」等家事學習中，培養出細心不苟且的態度；初中時期家庭遭逢變故，媽媽仍堅持「欠債就是要還錢，做人應該講誠信」，在艱困的生活中一點一滴償還債務。我們可以看出，良好的家庭教育如何薰陶出楊校長的好品格，並深深影響著她日後的辦學態度。

誠如約瑟夫·巴德洛克所說，默默領導人具有「自制、謙遜、誠實、不屈不撓」等特質，他並指出，「默默領導人的性格裏，含有前英國首相柴契爾夫人所說的『一點點鐵』」。相信您會在《白水鑑心——楊月鳳校長的教育之道》這本書裏，發現楊校長許多「默默領導」的身影，並從中看見「平凡的奧妙」。

（本文作者曾任慈濟大學附屬高級中學小學部學務主任兼教導主任）

推薦序

在艱困環境中找知足方法

辦學時遇到問題藉事練心

結合學校與家庭薰陶學童

序曲

諦聽落在心田的露滴

二〇一九年十月十七日，花蓮靜思精舍。

今天是第一屆清修士受證典禮，我從證嚴上人手中接過清修士證書，法號是「靜崚」。

看著這兩個字，回憶一下子把我拉回到十四年前，我受證為委員，當時法號是「慮崚」。

我對「崚」這個字很好奇，事實上，我滿喜歡部首為「山」的字，在字典上查到了幾個：

・崚是高而險峻的山；

・峻是陡峭的山；

・峭是高直的山；

・峙是聳立的山；

・崢是深遠的山。

我在慈小當校長的時候，每每工作累了，站在窗邊，往上看，是中央山脈；向下望，菩提樹枝葉迎風擺盪。一掃疲累，立即見效。受證典禮過後，我走到大殿前，大殿面朝太平洋，背後是中央山脈。無須刻意抬頭，青翠大山綿延，映入眼簾。旁邊草地上的菩提樹，枝葉怒放，直指藍天，但全無霸氣之意，似乎藉由一股汩汩的綠意流淌，就可以讓人不禁自動折服。

看到菩提樹，想到那是當年佛陀悟道的象徵。二千多年後，上人皈依印順導師座下，領受導師「佛法生活化、菩薩人間化」的思想，使佛法不再難得、難聞、難懂、難行；而是活潑生動，體現在生活中，引領慈濟人力行濟世志業，普及全球五大洲，嘉惠群生。

草地上有不少落葉，上週是二十四節氣的「寒露」，地面露水更冷，表示氣候從涼爽要變寒冷了；下週是秋季的最後一個節氣「霜降」。霜降不降霜，天寒漸顯，是秋季到冬季的過渡。

秋天使人多思善感，大殿燭照香薰，往事並不如煙。

我是一九九七年七月三十一日從臺北縣（今新北市）錦和國小退休，八月一日星期五臺北縣政府辦理校長交接。隔一個週末，八月四日星期一我就到花蓮籌辦慈濟小學。

凝視群山，中央山脈峰巒依舊；但二十四年彈指而過，青山看我白了頭。

看山，山還是我來花蓮時的山。

觀我，我還是初到花蓮的我嗎？

青山原不動，浮雲任去來。一瞥手上的清修士證書，我忽然驚覺：莫忘初衷。

山在沉默，也在訴說；樹在見證，也在寬容。

一個七歲小女孩蹦蹦跳跳來到菩提樹下，把我從深刻的思慮中拉回現實。小女孩撿起一片落葉，露痕猶存，她好奇端詳，好像在參透什麼道理，忽然抬頭看我，發現我也低頭看她。她雙眼滴溜溜看著我，明亮、清澈、通透，我彷彿能看見她眼裏的我。

這樣的雙眼，我並不陌生，永遠看不膩。如果從我十八歲第一次站上小學教室講臺當實習老師算起，六十三年教學經驗，我看過無數這樣的明眸，我很熟悉這澄淨無比的靈魂之窗。孟子在二千年前就說過：「存乎人者，莫良於眸子，眸子不能掩其惡。胸中正，則眸子瞭焉；胸中不正，則眸子眊焉。聽其言也，觀其眸子，人焉廋哉？」孩子心地無染單純，雙目當然靈動有神。

今天有三十二位清修士受證，很多親屬來觀禮，獻上祝福，同霑法喜。她應該是跟家人來的吧？我想。

小女孩手上的菩提葉，有一顆露滴，晶瑩剔透，露珠眼珠互映，至亮至純。眼看露珠快要滑落葉面了，我伸手，緩緩將樹葉持平。

她看著露滴，我對她輕輕一笑，她又抬頭怔怔望著我。七歲的她應該是無憂無慮，每天自由來去吧！她或許很難想像，每天躲空襲警報、吃蕃薯籤的日子。

對我而言，卻不難。故事就從八十七年前說起。

在艱困環境中找知足方法

「莫忘在雨中為你撐傘的人。」

日後我有能力，常常想到可以多做一些為人擋雨的事。

童年往事少年愁

我的故鄉桃園縣觀音鄉

一九三五年我出生於桃園縣觀音鄉。桃園地區本是原住民族活動場域，自清初大量漢人移墾後才快速發展。隨著聚落不斷形成，更加快農業技術成熟。雍正十一年（一七三三年）臺北桃園間的龜崙嶺山道貫通，不但吸引更多外地人口進住，桃園也從仰賴以臺北為出海口的內陸城市，演變成水陸交通重要樞紐。

日本依一八五九年「馬關條約」接管臺灣，治臺之初即提出「農業臺灣、工業日本」政策，其中農業發展重點為米糖二類。「丸糯米」為桃園地區特產，居全臺之冠。一九四九年，風雲變色，有近百萬軍民來臺，為滿足軍糧民食需求，政府亦開始強化稻作生產，桃園縣仍是全臺主要的水稻栽種區。素有「千湖縣」美譽的桃園，水利便捷與耕作技術的進步使稻米產量逐年增加，一度有「北臺穀倉」的美稱。

觀音鄉舊稱「石觀音」，傳說在清咸豐十年（一八六〇年）有一黃姓農民在溪中撿到一塊天然石，外形酷似觀音，於是村民在路旁築堂供奉禮拜，而後村民至此求願祈福，多有求必應，遂名觀音。

躲防空壕的小學生

日治時期的初等教育機構，原分設小學校、公學校，昭和十六年（一九四一年）一律改稱國民學校。小學校專收日籍兒童，臺籍兒童能操日語者，雖亦允許入學，但只有百分之五的名額，所以除了極少數官家子女，一般平民孩子幾無入小學校者。

我是一九四一年四月一日入學，上國民學校一年級。級任老師是一位魁武的男性古關璉老師，老師常用黑色木管伴奏，教我們唱日本兒歌〈桃太郎〉、〈小鴿子〉、〈回家去〉……等，當時感覺上學很快樂，七歲的我喜歡上學。

小學二年級以後級任老師是倪花梅老師，聽說老師是當年從第三高女（日治時代臺灣人只能讀第三高女）畢業就來教我們。老師經常教我們韻律活動的基本動作，從老師的姿態、表情，欣賞老師柔軟優美的身形，在小小心靈中感覺老師好棒。

三年級時，倪老師教生活教育，從用餐開始仔細叮嚀應有的規矩。在班上辦理「便當會」，平常不帶飯，這一天全班帶飯。用餐前大家打開便當盒，老師指導便當盒要橫著擺桌上，左手輕輕扶著便當盒邊緣，接著指導右手執筷子的方法，然後雙手在胸前合掌，一起說「要用餐了，感恩」後用餐；在用餐過程保持肅靜，餐後再雙手合十說：「已享用豐盛餐食、感恩煮食者。」最後收拾便當，餐會才算圓滿結束。在平時老師會教簡單的營養知識，鼓勵大家多吃青菜。

小學四年級時，已是第二次世界大戰尾聲。由於戰略位置優越，盟軍為封鎖臺灣，一九四四年底開始大規模空襲，學校也必須防空演習。硬體設備是在教室後面，距離大約二、三十公尺處挖大壕溝，壕溝寬約一至二公尺，深約一點五公尺，可容納兩排人，長度大約與教室等長。距離壕溝約十公尺處，有一長排高聳的竹圍（高度比教室還高）正好可以掩護壕溝裏避難的師生安全。

個人應備的防空頭套，材料與棉襖相似，裏外是一般的布，中間夾層舖棉，可保護頭部，避免外傷，每天放書包裏，隨身攜帶備用。每當聽到空襲警報或緊急警報時，就戴著頭套很有秩序的從教室前後門，安靜迅速躲到防空壕避難。等警報解除後再回教室繼續上課，那時警報是震耳欲聾的大聲，比現在萬安演習響很多。聽過一次，必定終生難忘。

時局愈來愈緊張，空襲警報次數愈來愈密集，校方停課，課業也先告一個段落，因為學校須提供日軍駐防。

除了學校，住家也要挖防空洞。我家結構是長條型，店面在前，後面是住家。時間緊迫，只能擇一地點挖洞。媽媽去附近的觀音廟，擲筊詢問防空洞要挖前門還是後面。

以現在觀點，必然斥為無稽。但是那個時代，媽媽沒有別的方法，也來不及用別的方法。所以用她認為可以保護全家的方法來保護我們，質樸、堅毅也充滿生命力。

擲筊結果，觀音「指示」應挖在後門邊，於是我們照辦。後來空襲，砲彈落在鄰居，炸掉左面五、六間店面，有人傷亡，就是原本想要挖的地點。蒙觀音庇佑，全家平安。

正暗自慶幸，又一顆巨大砲彈落下，還好是未爆啞彈。但墜落力道太大，砰的一聲巨響，我家後門被震開，瞬間亮起來。我跑出來看，附近住家已被夷為平地，就是沒傷到躲在側邊防空洞的我們，我們家也安然無恙。從那一天開始，我就篤信觀音，現在也是。

這幾年流行「番薯養生」，但對我這一輩的人來說，番薯是苦難和貧窮的象徵。當時總督府因為米糧短缺，為控制存量而宣導節米：獎勵生產代用食糧，提倡節約，推行「鄉土食運動」，番薯遂成為主要栽種作物。把番薯用剉籤（一種上面有很多小圓孔的刨刀）刨成長條絲，煮一大鍋，而且要久煮，因為番薯的粗纖維很硬，不好入口，三餐都吃這個——每天、每個月的三餐。當然偶爾有稀飯，但整鍋都是水，飯粒是撈不到的，全都是番薯籤。

如果說學到什麼，那就是番薯的生命力。被砲彈炸過的地面，焦黑一片，連最強生命力的野草都長不出來。但番薯種下去，甚至不用澆水，隨便種都活。

臺灣光復之初，還沒有注音符號教學，我們先用臺語學三字經、千字文、及其他漢文，後來銜接注音符號。我佩服學校應變機制，也敬佩老師們為學生課業不斷精進。

洗衣洗襪見學問

一九三七年「七七事變」爆發，中日全面戰爭後，臺灣戰略地位益形重要，為強化臺人愛國心和犧牲精神，當局實施「皇民化運動」，要點為特重生活教育。老師經常在課堂中，強調早起早睡，起床洗臉，然後刷牙；用餐時坐姿端正，禁止彎腰懶散；連走路步伐、擺手幅度都有規定。特別是團體行進時，腳步必須整齊一致。連筷子夾菜的方法都教；此外，關於行禮，立時行禮或坐著行禮、目視禮、最敬禮，都有規範。學校就像軍隊生活，紀律嚴格，完全服從。

儘管如此，小時候很快樂，到處都可以就地取材，自己做玩具來玩。身為家中唯一的女孩，我經常和哥哥、弟弟或他們的朋友玩在一起，所以不論是女孩玩的跳繩、沙包、繡花、織毛衣，連男孩子玩的打陀螺、滾輪圈、捕蟬等，我可是不讓鬚眉。

外婆和媽媽或許是受日本教育影響，家教很嚴，規矩特多；但嚴格中帶著細膩，謹慎卻仍不失優雅。從我有記憶以來，媽媽就一直強調，咱女人將來要捧別人家的飯碗，一定要養成好習慣，飯碗才捧得住，以後才不會辛苦。

我洗襪子，這面用力刷，反過來，另一面也用力刷，自以為很乾淨。但媽媽認為那是不合格的，從正到反，不夠；還要從裏到外，把襪子翻捲過來，再洗一次，兩面都要徹徹底底，才算合格。

擦桌子也被媽媽糾正。切莫認為擦桌子是與生俱來能力，誰不會？抓一塊抹布，像雨刷一樣來回擦桌面。錯！

首先，一塊抹布要對折；對折之後，再對折。這時就有了一個小正方形，拿這小正方抹布從桌子這頭擦過去；換面，從那頭抹過來。這其中的學問是：桌子的髒，永遠只沾到抹布的其中一面。所以桌子很乾淨，抹布也不會愈擦愈髒，更不用抹兩下就要去洗。如此很省水，又環保。

襯衫的領子和袖口是最難洗淨的，不是拿洗衣刷來回猛刷，這樣刷下來的髒汙又被推回來，變成髒汙來來回回沾上去。正確方法是拿一塊洗衣板，一個臉盆，把洗衣板一端靠在臉盆底，形成高低的角度。拿刷子用力刷，同一個方向，由上往下。這樣刷下來的髒汙往下流，刷愈多愈乾淨。再用水沖，絕對乾淨。

媽媽教我不忽視每一處細節，養成細心習慣，做事才不會差不多就好。這對我影響很深遠，家事雖小，可以喻大。

爸爸給我的禮物

因為家裏是做生意的，我小學三年級就會打算盤，簡單記帳。雖說簡單，要很細心。在爸爸嚴厲指導下，這兩項工作的容錯率是零。我想，日後做事一板一眼，一絲不苟，都要感謝爸爸的家風。

雖然我有一個大哥，五個弟弟，但爸爸完全沒有重男輕女，反而更重視我的教育。他覺得女孩子的教育要比男孩子更嚴格才是，認為一個女孩子什麼都要會，什麼都要學。所以他做事的時候，會找我去一起幫忙，一方面訓練，一方面看我成長多少。

外婆完全贊同爸爸對我的管教方式。她會做衣服，那個時代的女性真厲害，什麼都自己做，可以自己來的全都親自上陣，不假手他人，不花多餘的錢——其實也沒多餘的錢可買。外婆穿的唐衫是我媽媽做的，純手工；我媽媽的洋裝是我做的。那時很注重傳承，特別是手藝。

我到現在還記得打毛線的針法，父母和外婆對我的訓練很嚴厲，要求很高。我必須學什麼像什麼，做事要做得很到位，細心。甚至一百分還不夠，最好超前。

小學畢業典禮上，我從老師手中接過「全勤獎」。其實我不記得當時到底有沒有全勤，但是我相信那是老師給我的鼓勵。雖然我在功課上不是佼佼者，卻因為這個全勤獎，讓我在往後的求學過程中，一直相信勤能補拙，願意用更大的努力去學習。

那時小學要考初中，我順利考取，爸爸買了一個禮物給我，是一件雨衣。不是很厚重的粉紅，是有點透光的粉紅，還有花紋，小女生最愛的那種。爸爸一定是挑了很久。同學羨慕得不得了，可那幾天偏偏不下雨，我無法好好炫耀一番，就把雨衣放在枕邊，心滿意足入睡。

後來他還特別請客，那時候家裏有人考上初中，是一件大事，而且我又是女生，更是難得，為家裏大大增光。

我一直以為爸爸比較在意哥哥和弟弟的學業表現，後來發現我完全想錯了。請客，買雨衣，全是為了獎賞我。爸爸很節儉，而且家裏雖然做生意，他手頭也不是特別寬裕。他和那時候千千萬萬個爸爸一樣，對女兒的愛是含蓄而保守，不善表達卻熾烈濃厚。

媽媽的用心良苦

一九四五年日本統治結束，臺灣經濟需求提高，爸爸買了二手大卡車，當作生財工具。

我讀初中二年級下學期時，某個早上，公車因為客滿過站不停，我在站牌枯等無車，又急又無奈。忽然遠遠看到爸爸開卡車經過，問我怎麼還不上學。我因為當天有晨考，不想遲到，於是要求爸爸載我到校。

第二節課上到一半，老師忽然把我叫到走廊，對我說：「家裏出事了，你現在必須回家一趟。」

我一到家，大哥就告訴我，爸爸送我去學校後，去載歌仔戲班的服裝、布景和道具箱。可能是因為卡車機械故障，一個轉彎，無法控制，撞上分隔島的路樹，嚴重車禍，已經往生……

完全沒聽清楚大哥接下來說什麼，我的心整個都空了。不斷喃喃自語「怎麼會這樣」、「早上才坐爸爸的車上學，怎麼會這樣」。

爸爸過世沒多久，債主上門。當時爸爸負責對外，媽媽管家務，所以她完全不知爸爸跟誰借錢。她只知道：欠債就是要還錢，做人應該講誠信。

當時我雖然只有十四歲，但也知道，上門討錢，至少得有憑有據吧？結果那些上門的債權人沒有借據，跟他們要，完全拿不出來。

媽媽說沒有就沒有，堅持沒關係，只要對方開口，他說多少，那我們就還到完為止。

當時普遍經濟窮困，我有聽過這樣的情形：如果債務人過世，債權人會打八折，以示對喪家致意。留三分情面，將來大家好見面。但我們家的債權人堅持不打折。我也一直在想為什麼別人可以打折，我們就完全沒有，連利息都還。

我甚至想，爸爸做生意，錢總是進進出出，來來去去，所以一定有人跟他借錢。對於那些欠錢的人，我還天真以為看在爸爸過世份上，會來還錢。那我們家就有錢還債了，結果誰會來還錢？根本沒有。過了幾天，我終究死心，明白那是不可能發生的事。

媽媽認為：「債權人既然敢上門，就表示我們家有向他借錢。」我想反駁，但找不到理由。眼見來追討債務的人一個又一個，我很著急；想幫又幫不上忙，很無奈。

事隔七十二年，今天重新追憶，有兩個想法：第一，那個時代好單純，所以很重誠信。你說我們家欠你錢，我相信。你家出了這麼大的事，但當時大家都窮，我家日子也不好過，我也只好跟你討債。換作今天，無憑無據，雙方會走到什麼場面？這種單純，這種義氣，現在看來彌足珍貴。

第二，我媽媽這樣堅持還錢，很了不起。她重視榮譽，必須當一位清清白白的人。不要我們這幾個孩子走出去被人瞧不起，被當作笑柄。所以再苦，再累，咬著牙也要還債。她用心良苦，完全為了孩子。媽媽對我們的愛，永遠比我們想的還深。媽媽這種道德情操，深遠地影響我們。

當時有些利息高達百分之二十，我們也是照還。債權人拿了錢，到爸爸靈前捻香，說：「錢已經拿到了，安息吧，別罣念了。」我冷眼旁觀，雙目盈滿了淚水。

我終於在媽媽面前大哭

紙鈔薄，人情更薄

爸爸在一九四九年五月往生，過了一個月，政府為了消弭通貨膨脹危機，穩定經濟，發行新臺幣，可用一元新臺幣兌換舊臺幣四萬元。之前物價最不穩定時，米價每斤要「臺幣」十六、七萬元，肉每斤七萬五千元，鴨蛋每顆五千元①。那時「一日三價」，意思是如果有人去麵店吃一碗三萬元的陽春麵，一邊吃一邊要很注意牆上的價目表，因為常常吃完就變十五萬。

一九五一年六月，政府實施三七五減租，原本爸爸名下的一點田，田租瞬間減少許多。之後又有「農地放領」、「耕者有其田」：田地放領給佃農，佃農付錢給政府。政府撥股票給我們，當作土地徵收的補償。

得不償失，雪上加霜。每次大哥去政府辦公室回來，媽媽都很關心上前，迫不及待問道：「處理得如何？」結果家裏一甲地換三百股，一股才值一元半，等於一甲地只能換四百五十元新臺幣。

大哥吞吞吐吐，欲言又止。媽媽憂心忡忡，欲哭無淚。大哥又說，「有領到一點『實物債券』，每年可以去跟政府領二次米或蕃薯。」但一家八口人食指浩繁，杯水車薪，無濟於事。

有一天媽媽外出，我獨自在家，忽然有人來了。我向他問好，他卻像是沒看到我似的，逕往廚房走去，一進廚房就打開米缸。我覺得奇怪，但不用看也知道，米缸是見底的，根本沒米。他離開後，媽媽回家了，一見我就問：「有人來過了？」我說是。媽媽又問：「錢呢？」

我心想「什麼錢」？忽然明白，一定是媽媽向那人借錢，他手頭不方便，說過幾天再送來。結果一來先看米缸，連米都沒有，絕對還不起錢。直接走了，不借錢給我們。

我還在考慮要不要跟媽媽說來人看過米缸的事，媽媽從一陣焦慮中沉默。終究還是說了。媽媽聽了，一直喃喃自語：「他明明說好要借錢給我們啊，明明說好的……怎麼這樣？怎麼這樣！」

前不久，媽媽曾向叔叔借錢。叔叔是爸爸的同父異母弟弟，因為他年輕不會經營祖父遺留的田租事宜，爸爸協助掌管。爸爸往生後，媽媽原封不動歸還叔叔的地契與我們之前幫收的全部田租。但當我家缺糧向他借，叔叔一口回絕：「目前不方便。」真是令人心寒，就算跟朋友借也不會這麼絕吧，連客套一番都省了？更何況你是我親戚。

如果那人像叔叔一樣一開始就明確拒絕，那我們還比較能接受，反正四處碰壁，顏面掃地，習以為常。但明明答應在先，卻言而無信，出爾反爾，怕我們拖累，怕我們賴帳，查米缸這個動作已很傷人，這種心態更是讓人覺得，人情比紙還薄。看媽媽眉頭緊皺，失望透頂、無語問蒼天的表情，我只能一旁呆呆的站著，一陣心酸，什麼話都說不出，不知可惜的資源在何處。

我們家的大恩人：張四章村長

到處借不到錢，大哥建議賣地還債。當時我們家有一小塊地租給人，如果賣掉，可解燃眉之急。但媽媽堅持不肯，說那是爸爸的唯一祖產，日子再苦都不能變賣，絕無可能，不必再說。

不能賣地，只好繼續收租金。當時交租是用穀子。承租人如果想賴帳，用兩個方法：第一，直接不還。一如欠我們家錢的那些人，擺明欺負人，認為一家之主不在了，所以很好欺負。第二，用劣等、發霉的穀子當租金。我家收了一堆這種爛穀子。問題是：這些穀子我們根本賣不掉。

當時儲糧的倉庫，把地夯實，儲存穀子。但氣候潮濕，很容易變質。他們把上面好的穀子留著自己用，把倉底穀當租金交給我們。事實上他們就是賣不掉，才給我們抵債，諒我們也不敢怎樣。

我們也無可奈何，只能收，就是完全收下，忍氣吞聲。

就在一家愁雲慘霧之時，我們村的張四章村長說：「我看你們也不要再去爭，把穀子賣我，我收。」

為什麼會有人想買下根本賣不掉的穀子？

張村長說：「我若不收，第一，你們會和交租人起衝突，徒增困擾。第二，我不買下，你們也沒收入，只會愈來愈慘。」

更令全家感激的是，他用好價錢買我們的穀子。張村長他自己有一點田，而政府撥補給他的那些股票和債券，據他本人告訴我們，家人分一分，每人分到的錢連吃一碗麵都不夠。但他就是這麼有情有義，及時伸出援手。他買這些穀子是不能用的，等於他給我們家一筆救濟金。我至今深深感念，永難忘懷。

好老師，好舅舅，好朋友

除了好村長張四章先生，我也遇到好老師。考上初中後，初一的班導師是姜炫達老師，初中三年印象最深刻的老師就是他。他雖然教英語，卻是留學日本早稻田大學的高材生。對學生非常關心，影響我很大。

初一時的某天，全班要到臺北參觀博覽會，一早便需搭火車前往。老師怕我和另兩位路途較遠的學生趕不上火車，便安排前一晚讓我們借宿家中。清晨起床，師母已經在幫我們準備早餐。看到師母優雅的身姿與老師像父親般的照顧，在我心中種下日後也要以愛和關懷來對待學生的種子。

當時從我家到學校一天只有兩班車，爸爸往生後，我窮到買不起車票，只好用走的。一天來回要走二十公里的路上下學，單趟要走兩個多小時。天還沒亮我就出門，走了二公里，在大同村聽到學校駐軍起床號響起，非常響亮，劃破天際。那是一九四九年，政府撤退來臺不久，軍隊駐在學校裏。起床號成為我校正腳步快慢的標準，聽到起床號我安心不少：「今天速度不錯，趕得到學校。」夏天還好，冬天太陽下山得早，天黑得快，我就會怕。

因為路很長，經過小山坡，密密麻麻的樹林，不知道會有什麼東西跑出來。而且還有一片竹林，蛇也不少，頭部三角形，有毒那種。兩旁稀稀疏疏的幾戶人家，燈火忽暗忽明，更添詭異氣氛。我都是一個人走，根本沒伴。要不是毅力過人或勇氣十足，絕對走不下去。

有一次回家路上，某戶人家辦喪事，傳來清楚的哭聲。我聽了心裏發毛，不自覺加快腳步。但那哭聲愈來愈清楚，於是我走更快，可那哭聲怎麼愈來愈大聲，我暗叫聲不好，想都不想，拔腿狂奔。卻隱隱約約聽到哭聲還是在我背後，我一直跑，一直跑，哭聲有時在我左肩，又跑到我右肩。不敢回頭，一直跑到家。

回家一看到媽媽，再也忍不住，放聲大哭。媽媽一把摟進懷裏，著急問說，怎麼了？怎麼了？但我一句話也說不出，心有餘悸，一直哭一直哭。我說不出來，只想大哭，我太害怕了，心裏的恐懼從未有過。

爸爸往生後，別人欺負我們家，欺負得很徹底，包括親人和鄰居，我好想幫忙，卻無能為力，很無奈。我很急，巴不得自己趕快長大，幫忙賺錢。我甚至想，乾脆現在就休學去作女工。悲傷，著急，無奈，我沒有辦法處理這些情緒，也不知道怎麼處理。只有抱緊媽媽，一次哭個夠。

三舅覺得這樣走路上學也不是辦法，買一輛腳踏車給我。他對我們家很友善、照顧很多。他是觀音鄉農會理事，就在農會後面的空地，他教我騎車，之後我就騎車上學。當時的公路是雙線道，沒有柏油路，先鋪石頭，再填土壓平。兩旁都有「牛車路」，就是牛車的專用道路，也是人行道。但牛車不是橡膠胎，是鐵輪，又載重，壓過泥土路，地上有很深的小溝。我只能騎在中間，因為腳踏車如果陷進小溝，會摔車。

剛學會不久，有一次我為了避開小溝，龍頭控制不穩，不小心跌進稻田裏，落差約有一公尺半。我把腳踏車當樓梯，拼命爬出來。還好只是皮肉傷，休養幾天，也沒事了，但受到驚嚇。媽媽終究不放心，於是說：「不然你去跟袁桂香擠。」袁桂香是我小學同班六年的好朋友，她在學校附近租一間小宿舍。感謝她收留我，否則我一天花四小時走路，回家有時會沒體力讀書。

此後，更激發我心中求學意志，我告訴自己：初中一定要畢業。只有透過教育，人生才能翻轉。如果我沒有繼續升學，我們家是無法翻身的。

同時，我一直感懷三舅對我們家的照顧，所以每年都會去看他。五年前他往生，一百零三歲；去年舅媽也隨他而去，一百零一歲。

我永遠記得，初三上學期結束前，一天傍晚，袁桂香從書包裏拿出一小塊月餅，是用寫過的作業紙包著的。我訝異地接了，和她一起吃。她家庭環境也不是挺好，那月餅更不是什麼特別高級的月餅。但在我心中，那一直是很難忘的滋味、很美好的回憶：溫暖，真摯而貼心。你吃好吃的東西時，第一個想要分享的人，一定是很重要的人。我在她心中是，她在我心中也是。

初中畢業我繼續去考新竹師範

媽媽小學畢業時，成績優異，她想去考助產士，但外婆不准。因為家庭環境不好，外婆很窮，沒錢供媽媽讀書。我小時候只是覺得她很窮，現在回想，那個時代的女性很了不起，再貧困、再艱難、書讀得再少都有辦法突破困境。

在那個經濟普遍窮困、知識尚未普及的年代，媽媽從很小就開始賺錢。原來她小學時功課很好，同學會問她作業，她當起小老師，班上那些家境好的，會給她一點零用錢，當作家教費。所以她能靠教學賺一點錢，不無小補，也是滿好的。

我一直認為媽媽很偉大，她並沒有因為自己失學而不讓我讀書，反而鼓勵我往上考。我真幸運，在那個年代，我一個小女生有讀書機會，如果換作別的家庭，可能連讀初中的機會都沒有。所以我永遠感念她，當然我也知道，她對於自己沒能讀書一直引以為憾。

大我五歲的大哥，初中畢業想要讀高中，爸爸不肯。爸爸說，只要會做生意，會記帳就好了，書不用讀太多，所以他沒辦法繼續升學。雖然他很想，非常想讀書，可是他也知道，爸爸不同意，就表示沒機會了。

但當我表明想讀高中的時候，媽媽和大哥沒有第二句話就完全支持。那時還有聲音傳出來：「別人家都是重男輕女，你們家是重女輕男。」但他們不管，還是支持。所以我算是很幸運，我沒有比別人聰明，只相信勤能補拙，苦讀就有成果，這點我很有自知之明。所以當機會比別人好時，一定要好好抓住。大哥說，繼續讀可以，但一定要讀師範。媽媽也同意，說：「讀師範不但免費，以後還有穩定的工作，一個女孩子當老師，將來要找好婆家也容易些。」大哥又說：「你還要經過我這一關，我這一關過了才可以去報名。」於是他出數學題目，是聯立方程式，還好我解題正確。

我和袁桂香說好：如果考臺北，我哥哥負責住宿；如果考新竹，她哥哥打理好一切。當時沒有聯考，單獨招生，新竹師範先考，所以我們必須去新竹。袁桂香的哥哥認識廟裏的人，他爸爸常也常參加廟的活動。我們兩個人就一人帶一包米，當作借宿的添油香。我心裏一直過意不去：家裏已經沒米了，我還帶米出來。只能在心中不斷告訴自己：一定要考上。

住在孔明廟，因為離新竹師範近。沒有公車，天亮就走。走了一公里多，大概不到一小時就到了。這對習於走十公里的我來說，真是輕而易舉。住了幾天，初試結束後才回家。初試放榜，我們都過了。於是再參加複試，還是住孔明廟。放榜結果，兩人都考上了。感恩廟裏師父讓我們借住，照顧很多。

我弟弟也很想讀書，但註冊費被偷了。以家裏經濟狀況，是不可能再出錢。他比我聰明得多，功課比我更好，但運氣真是不好，沒有辦法繼續升學，所以我一直為弟弟感到很惋惜，弟弟也只能接受，是一種莫可奈何的忍耐。後來他到臺北去學糕餅，從學徒做起。每一個人的際遇都不一樣，我們同一個家庭，我就有機會讀書，他連初中都沒有辦法畢業。我想幫他，但現實狀況不允許。

他後來做糕餅，也做出一番成績。那個年代的人，很認命；但命很「韌」。扯不斷，斷不開，彷彿向天宣告：「命運怎麼逆來，我就怎麼順受。」從一種堅毅裏，爬起來，站穩，慢慢走出自己的新人生。

註① 當時物價參考「國家發展委員會檔案管理局」網站：https://www.archives.gov.tw

新竹師範的生活

我第一次上法院

開開心心考進新竹師範，還沒享受當新鮮人的樂趣，就收到大哥通知：我們家被告了。

媽媽認為爸爸生前留的一塊地，是爸爸家的祖產，無論如何不可變賣，何況也可以繼續收租。但媽媽有點錯估人性，承租人用來開店，不交租。外婆帶媽媽和一群弟弟去他們店裏，爭執愈演愈烈，對方告我們妨礙生意。

兩造都要到庭，法院在新竹。當時臺灣光復不久，尚沿用日治時期的行政區，劃分五州：臺北州、新竹州、臺中州、臺南州、高雄州。「新竹州」轄域為今桃園市、新竹市、新竹縣、苗栗縣。

開庭當天，我在新竹讀書，當然算我一份。因為法院離新竹師範很近，而且輸人不輸陣，我主要是去壯大聲勢。但我此行還有一個更大的目的——說身分也許更適合：我也是被告。對的，我被告了，但我這個被告覺得被告得莫名其妙，豈有此理。

大哥當庭對法官陳述：「是對方欺人太甚，我們完全沒有妨礙他們生意。是他們賴著租金不交，我們只是來要錢，要他們交該繳的租金，有什麼不對？他們憑什麼告我們？」

我們抗議的方法錯了，但我們沒有更好的方法。

對方高聲抗辯：「不做生意，我怎會有錢還你們？你們常常來要錢，害顧客不敢上門，就是妨礙生意！每次來，大人帶小孩，是怎樣？人多就贏嗎？只會嚷嚷大叫『還錢！』、『還錢！』客人都被你們嚇跑了！被你們楊家大大小小這麼一鬧，我這陣子的生意確實變得很冷清，都是你們的錯，應該賠償我們的損失！」

我外婆也對法官說：「欠錢還錢是天經定義的事，他們欠楊家地租，本來就該繳的。大家都是辛苦過日子，我一個婦道人家什麼都不會，就靠這些微薄的租金照顧全家生活，他們若是按時給我們租金，我們怎會一直要個不停呢？」

法官看了外婆身後，從左看到右，再從右看到左，我五個弟弟全去了，最小才六歲。法官搖搖頭，嘆口氣，問原告：「你有多久沒給楊家地租了？」

「半年。」

後面的對話我不記得了，但我記得外婆在法院外面跟我說的話：「快回學校，你要堅強，不要讓人以為孤兒寡婦好欺負！」外婆書讀得不多，但她用她的方法爭取該有的東西，樸拙而堅定。因為金錢而看透人性，但她並不對人失望，反而鼓勵我好好讀書，將來出頭天。

最後全部不起訴，但過程真是磨心。我忍不住想，窮人家只能這樣？

窮人家就是只能這樣，連爭取應有權利、連表達憤怒都要這麼卑微、這麼委屈。但不放棄希望，即便最終沒有達到要對方交租金的目的，卻使家人更團結。我只是在心中不斷告訴自己：要爭氣。人性善惡，如人飲水，冷暖自知。

這也養成，日後我非常珍惜手上有的東西，愛惜物力，很知足。

當初我們全家被告，張四章村長義氣相挺，雪中送炭。他說要作證，絕不怕跑法院。其實無須他證明什麼，他也證明不了什麼。但他就這麼草根性十足，往前一站，胸脯一拍，我們就有一種安定的力量，溫暖的感覺。

張村長教我一件很重要的事：「莫忘在雨中為你撐傘的人。」日後我有能力，常常想到可以多做一些為人擋雨的事。

當時學校每班都有幾位學生是隨中央政府遷臺而至的。他們跟軍隊過來，沒有家屬，也沒有任何親戚。但有一件事引起我特別注意：這些流亡學生都很用功，成績非常好，反應特快，學習能力超強。尤其是英語，他們的英文程度明顯比本地學生高很多。

我很好奇：難道愈是艱困的環境，愈能激發一個人的潛能？跟他們相比，我算很幸運的。首先，我有家，雖然經濟困厄，但至少很穩定在那裏，在我心裏；其次，我躲空襲警報，雖然慌張狼狽，但至少不用逃難，免於流離失所；最後，也是最重要的，我有家人，心滿意足。

在艱困環境裏找到知足的方法很多，只是看自己要不要而已。

實做務農影響我很大

一九五〇年考上師範，當時各學校的物資也不是很豐富。第一天去註冊報到，校方規定要帶三樣東西：棉被、鋤頭和鐮刀。

學校的雜草都長很高，新生訓練時，師長報告完，各班直接開始分區除草。

人力運用神妙至斯，令我耳目一新。

我對實務農作的種菜極有興趣。老師很專業，經驗很豐富，不同季節該種什麼菜，要領為何，完全了然於心。不只季節，不同種類蔬菜也有不同訣竅，四季豆、茄子、高麗菜我們全種過。

不只老師，學生裏也臥虎藏龍。一位男學生，外貌斯文，蒼白瘦弱，看似弱不禁風。但他在菜園的一邊倒水，水沿著挖出的土溝流到了每株菜苗。土溝暗藏玄機，在轉折的地方，都有一顆小石頭自動把水分流到兩邊。我和袁桂香看得目瞪口呆，當別人提水灌溉，來來回回，效率不佳；他卻輕輕鬆鬆，簡單用石頭自動分流灌溉。

原來他家是種田的，村子裏的田地都是這樣灌溉，上游的閘門一開，水就沿著溝渠向下流，放在溝渠裏的大小石塊，就會自動平均的把水流到每一塊田裏，他只是把這個方法運用於此而已。

完全不能灑農藥，所以菜蟲很多。但有些同學種的菜就是不一樣，長得特別翠綠、鮮嫩、漂亮，尤其這些同學之前也沒有種過菜，可見這其中或許還有其他深奧的學問，真有意思。

收成的菜沒有拿去賣錢當班費，而是給廚房。種菜主要目的不在錢，在勞動教育的養成。這個訓練很重要，當時我體會的意義：第一，齊心。大家一起來種菜的時候，有一種團體的力量，互相鼓勵，你的菜長得那麼快，我的菜為什麼總是種不好；或者說我的菜長得好，有沒有辦法更好。很認真研究，不輸數學課的討論。第二，觀察生命的長成。從培養植物養成尊重生命的理念，菜從種子是怎麼成長？要怎麼做？怎麼照顧？然後去理解生命，那是一種珍惜生命的概念。

所以這個時期也對我當了校長之後造成影響，使我非常重視勞動教育。有兩層意義：第一，可以訓練一個人很踏實。特別是我發現，慈小孩子大多家庭環境不錯，現今社會物質已較過去豐裕、資訊也更發達，我深切期盼他們從勞動教育中學到感恩、愛惜物力、培養好習慣與鍛鍊身體。

第二，在生活中實現自己的理想。當時分組種菜，對老師來說是方便管理，但對我們學生而言，其實有點較勁意味。種菜一定要實做，經驗取決於一切。沒有去做，菜就種不起來。從小步步踏實，即便失敗，也累積了如何處理失敗的方法和技巧。

新竹師範的王宏志校長，在畢業紀念冊上題的句子：「仰不愧於天，俯不怍於人。」成為我的座右銘，一直放心裏。也深深警惕自己：為學生題字，要很慎重。

一九五三年師範畢業開始教書，一個月薪水四百八十元，我全給媽媽。因為那時弟弟他們還小，我薪水進來就交給她，沒有動過。一直到後來弟弟當兵回來之後，對我說：「你身邊也要留一點錢啊。」我說沒關係，我在新坡國小教書，離家很近，不用車費。吃住都在家，所以想把錢全部留做家用。但弟弟提醒我開始存錢，這麼懂事，真讓我覺得很暖心。

師範畢業，我回母校新坡國小教書

師範生是公費生，畢業前，必須通過會考。畢業後依志願分發服務，服務滿三年，核發畢業證書。

得知通過會考那天早上，我和袁桂香碰面，我問她：「欸，我問你喔，如果你填志願，你會填新坡國小嗎？」

「你說回母校服務嗎？不會喔。」頓了一頓，她又問：「所以你想回母校教書？」

「唉呀，你先別問我，是我先問你的啊。為什麼你不想回新坡教書？」

「因為啊，」她理所當然說著，「道理很簡單，你想想，我們是新坡國小畢業的，那些老師全認識我們。如果教不好，很丟臉耶。」

我笑了，「怎麼還沒開始教，你就認為會教不好？」

「萬一，我說萬一啊！」

我「喔」了一聲。只聽她又說，「如果教不好，你想想，那些學生會怎麼想？畢業新老師是不是沒學好？」

「原來你是因為這樣才不願意回學校教書，」我說。

「難道你想回新坡教？」她反問我。

「可是，」我沒直接回答她，卻提出質疑，「難道你不覺得，我們是新坡栽培出來的，應該回新坡教書，發揚新坡精神啊！」

「原來如此，你知道，關於發揚是這樣，你一定要到別校服務，教書很認真，表現特別好，當人家問『哪個學校教出來的，這麼強？』這時候你就大聲回答『是新坡國小！』這才叫發揚。如果跑回原學校教書，怎麼發揚呢？」

「有道理欸！」我贊同她。

只聽她又說：「還有還有，我們如果回去，一舉一動，老師都看在眼裏，很不好意思。而且學生會私下比較吧？如果我們教得比教我們的老師還要不好，面子實在掛不住。」

「做不好，真的對不起原來教過我們的老師。」

「對，不能辜負原來教過我們的老師，所以應該到別的學校教書。一定不能回到原校。」

於是兩人商量好，填志願完全不考慮回母校。

當天晚上，新坡國小鄭來進校長到我家，首先恭喜我畢業要當教師，接著勸說一定要回母校服務，因為很缺師資。「自己人，新坡畢業，很熟悉，一定要回來。」鄭校長熱切期待著。

我當時還裝傻，回答：「校長，我……我還不知道是否通過會考呢！」因為已和袁桂香商量好，但又感受到校長的誠摯邀約，我一時之間手足無措，竟然說未通過。

校長一怔，馬上說，「怎麼會沒通過？有啦！已經有資格分發啦，我都看到你和袁桂香的名字，兩個都能分發了，我非常確定。」

媽媽看著我，滿臉問號，等我回答。

好尷尬，如果當時地上有洞，真想鑽進去把自己埋了。現在想想，我跟袁桂香兩個小女生真的太幼稚，非常幼稚。通過會考，不趕快去跟校長報告，居然異想天開，編造說詞，給自己找理由不回去教書。自以為設想周到，殊不知校長關心校友，早已掌握動向。

新坡的師資非常優秀，加上我那屆有七、八位通過會考的小學同班同學，同年師範畢業的生力軍加入。我也答應鄭校長回母校教書，因為他是非常好的校長。日治時期，日本人有一種優越感，但鄭來進校長卻已經當到副校長，能力非常令日本人尊敬。在他帶領下，新坡國小成為教育示範學校，是海內外許多教育團體參訪、學習的對象。僅是一九六五到一九七二年間，就有紐西蘭社會婦女保健部長、韓國僑校、越南教育考察團、世界衛生組織衛生教育顧問蒞校訪問②。在那個年代，外賓參訪已屬罕見，更何況是指明要到新坡國小，鄭來進校長辦學之成功，由此可見一斑。

我對鄭校長印象最深刻有三：第一，如果他公出，當天無論再晚，再累，再忙，一定返回學校，看看還有沒有學生留在學校。之後再巡一遍校園，如果有老師還在辦公室，他就上前打招呼，之後再返家就休息。

第二，老師去研習，超過二週以上，他一定到研習學校去探望老師，再遠他都去，關心一下，看看老師有沒有需要幫助的。通常研習兩週以上就是在培訓種子教師了，所以鄭校長很重視。

第三，手不離書。他隨時接收新資訊，很精進。認為對教學有幫助的，他口述，請老師寫成補充資料，當作校內訓練教師的講義，或是學生的補充教材。

優良傳統，一脈相承，新坡國小於一九五七年經縣府指定為體育衛生示範學校；隔年復經縣府指定為桃園縣音樂、體育、衛生示範學校；一九六三年指定為健康教育示範學校；一九六九年經教育部指定為生活教育示範學校③。

回憶當年，深覺自己非常幸運。小學一年級的古關璉老師，用吹木管的方式教音樂，可見其素養之好，他後來也在苗栗當校長。二、三年級級任老師倪花梅，臺北第三高女畢業。三高女不但是日治時期的知名女校，也是臺灣最早招收臺灣女性的女子中學。那時女生受教育非常罕見，何況她又是鄉下來的，更屬難得。五、六年級我念的是升學班，級任老師許文中，畢業於臺北州立臺北第一中學校（即今建國中學），每天免費幫學生補習，我非常感恩他。他和另一位歐鴻淦老師（後來是觀音國小校長），創造了百分之百的升學率：我們全班四十多位同學全部考上初中。

我八十七歲了，有幾個日子我永遠不會忘記，其中一個是小學二年級時，一九四二年十二月八日，那天學校每人發一個麵包。那個年代一個小學生要吃到麵包，幾乎是不可能的事。原來是當年二月，日本占領新加坡，意味國力延伸到南洋。但日本大肆慶賀的背後，是多少臺灣家庭的眼淚和傷痛。我四舅就是那時到南洋當軍伕，再也沒回來過。

註② 此處協助回憶之參考資料為《八十歲月，風華再現：桃園縣新坡國民小學創校八十週年特刊》。

註③ 同註②。

在教育道路上不停止自學

我只知道，只要當校長一天，
這天就要對得起「校長」這個職銜。

從老師、主任到校長

新坡國小初為人師

新竹師範讀到三年級上學期，課業方面，學習結束，下學期全部學生都要校外實習。我在竹師附小實習，教學時，除了原班導師看我們教，該校也有資深老師視導。

晚上回到學校，因為住校，晚自習就互相討論：「今天自覺教學情況如何？滿不滿意？需要改進之處？」

我當時最常自我檢討：「備課是否充分？教學之後，感覺到哪裏不足？如何自我強化？」因為已有這樣的學習過程，所以到新坡國小時，可說是「第一次當

老師就上手」。

一九五三年八月一日，我重回新坡國小，這次身分是老師，第一年是教四年級。鄉下學生居多，很多超齡學童。因為家離學校很遠，學童年紀小，體力不足，無法走遠，他要年紀大一點，才能走很遠，所以都晚讀。我第一年的第一班學生，年紀最大的只差我六歲，我看起來像他們姊姊。但也有不少未及（不足）齡就上學的孩子，以城市來的居多，城鄉差距，由此可見一斑。

關於班級經營，我雖是新手，但求多變。體驗的方式、設計小活動穿插其間、比賽的方式，透過教學，一次又一次的互動過程，營造秩序與規範，提升教學品質。當然，我更注重學生自律習慣的養成；畢竟，讓他們學會自我管理，比我一人管四十人更有效率。

小學四年級生，最是頑皮好動。五六高年級可能會欺負新手老師，但小四生就是各玩各的。玩著玩著，一定會有爭執，所以我很注重群體和諧。儘量讓他們學會互相容忍，相互禮讓；進一步互相關懷，終極目標是使他們能彼此鼓勵，群體合作。

我發現當老師沒辦法只顧教自己的，而完全不管別的老師、別的班級、別的學生。我的理念必須得到老師們的贊同，大家同一個目標去經營學校。你一個班級是這樣子，整個學校就是這樣。例如推環保，一個班級先做起來，其他班才有可能辦理。日後我在慈小一直跟老師共勉：「一個學生的問題就是全校老師的問題」，這觀念我深信不疑，便是由此根基，由來已久。

早期學校很克難，設備不好。比如玻璃破了，校工工作繁重無法立即修補，學校就發一塊玻璃，老師要想辦法自己裝。所以老師也要學，女老師什麼事都做，包括粗重工作，不會就學，一學就會，全都要自己來。

當時社會普遍窮困，所以學校經費也少，比如說蓋新教室，政府補助的公款之外，學校還需提出相對的自籌款。這部分就靠老師募款，募款的最好時機，就是學校每年的運動會。當天很多家長來，也有意願，我們就容易收到捐款。即便是那些平時從來不捐的家長，運動會也有捐。

這點很有意思，我推測可能是因為現場氣氛熱絡，看到其他家長都捐，家長們就會一時興起，出手捐錢。從那時起我就認為，「為善不欲人知」似乎太消極了，做好事最好公開，讓別人看見，甚至積極一點，邀身邊的人一起來，這樣才會帶動整個社會善的風氣。

把選擇分析得很透徹，讓學生自己選

有一位女學生，她三、四年級是我教的，小學畢業前她特地跑來問我，將來初中畢業後，要考什麼學校比較好。

我分析：當時社會，女生只有兩大選擇，這兩個都是最好的選擇：一個是護理師，一個是老師。我說當老師，你就跟我一樣啊，可以教很多人；而且將來自己有子女的時候，他們的學業你可以教得很好，領先班上其他人。當護理師，可以照顧病人，也可以照顧家人，家人因你而更健康。

那年代社會很單純，女生的工作選擇不多，我給她最實際的建議：老師或護理師。工作很穩定，待遇也不錯。

講完我就忘了。很多年後，我在路上遇到她，我說你現在怎麼樣？讀什麼學校？

她說：「我讀師範。」回答的時候眼裏有一種光彩，一種自信，一種對未來的憧憬。有目標，有動力，我也祝福她。「教育界又多了新生力軍，加油！」

學生來問，不要幫他決定，而是考慮社會現況、學生本身條件，然後把幾個可能選項列出。再把每個選項分析清楚，讓他自己做決定。解除他的徬徨，減低他的迷惘，讓他少走一些冤枉路。

「協助突破他的盲點，創造屬於他個人的亮點。」那個階段的我充滿教育熱血，很希望對學生有所啟發。

能幫學生的我一定幫

第一年當老師，如果說有什麼「缺點」，就是常常不知不覺熱心過頭。

某天放學後，我看到隔壁班一位學生坐在原位，沒有離去。原來她身體不舒服，我送她回家後，才知她爸爸外出工作，很晚回來，只有媽媽在家。媽媽摸她額頭，驚覺發燒。

我趕緊拿碗公，裝冰塊。學生的媽媽找來臉盆，迅速裝水。兩人將冰塊倒進臉盆，再將毛巾放在臉盆內弄冰，擰乾後敷在額頭上。其他冰塊倒進冰袋裏，然後放頭下當枕頭。只要燒退了，應該就沒事了。

我一直忙，忘了家裏媽媽還在等我，她等不到我，非常著急，以為我出什麼事，跑到學校找同事。後來同事跟我說，以後若碰到類似狀況，就通知該班級任老師來處理就好。

一開始當老師，家庭訪問是較新奇的部分。到了學生家裏，送上的都是白開水，環境最好的就招待汽水。那時沒有車可坐，跟著學生走就對了。有的學生住好遠，我訪完回家都好晚了。

學生帶路，他天馬行空，天南地北隨意聊，想到什麼說什麼，我也跟他東拉西扯一番。深深覺得，孩子的想像力真是豐富，其實很多家境不好的小孩資質絕不會比家境優渥的小孩差，只是先天因素，他就比較辛苦。我不會為他抱不平，人生本來就充滿不公平。他慢慢長大，也許就會漸漸了解到，這些辛苦對他來說未嘗不是一件好事。

有一次下雨，路上泥濘，學生就說這路真難走啊，我說快別抱怨了，你只有走這一趟，我等一下訪問完還要走回來哩。學生哈哈大笑。

一年級有美勞課，現在畫圖是讓學生自由畫，以前不是。我們先定好圖形，例如一個房子，或者一輛車子，然後讓學生上色。我記得非常清楚，有一個學生，是小男生，他名字叫陳阿忠。我畫車子讓全班塗顏色，當時全班都畫黑色，因為路上確實只有黑色轎車，就是老一輩人口中的「黑頭車」。但他偏偏與眾不同，塗成綠色。我記得好像二十年後我才在街上看到綠色的車子，但小朋友竟然領先了二十年，很有創意，不可思議。

我在新坡當老師的時候，曾經有學生家長交不起學費。那時公立小學學費其實不多，但窮人家就是交不起。我自己也是窮過來的，感同身受。如今行有餘力，必定回饋社會。我月薪也不多，每月四百八十元，但幫他交學費，沒有問題。當時的我抱定一個想法：在我能力範圍可以幫學生的，我一定幫。

不斷自修，力求上進

在江翠國小服務時，林炳炘主任考上第十五期校長班後結訓回校，鼓勵我參加主任甄選。甄選取決於考績，分數是累計的，端看個人有沒有特殊表現？優良事蹟？研習也有點數，慢慢累積。總的來說，就是綜合評比：學歷經歷資歷，缺一不可。

一九五三年，當時小學的正規師資，師範畢業的還很少，所以我算是正科班出身。教書經驗是累積的，慢慢得心應手。相較於資深老師，他們雖然不是師範畢業，但勝在經驗豐富，所以也很值得我學習。況且，在新坡當了七年老師，我真正體會到《禮記》所說的「學然後知不足，教然後知困；知不足然後能自反，知困然後能自強，故曰教學相長也」。

自強的方法之一是積極參加各類研習。日期短則幾天，長的甚至一個月，需要住在外地。我單身，沒有家累，所以向來不排斥。通常二、三週以上的研習，意在訓練種子教師。我只要狀況允許，幾乎必到，所以我分數很高。

自強的另一個方法就是進修。一九六五年我在汐止國小任教時，利用晚上去讀女師專（即今臺北市立大學博愛校區，前身為臺北市立教育大學）夜間部，讀了三年拿到文憑。我是女師專夜間部第一屆畢業生，取得文憑，後來轉任於江翠國小，才得以考國小主任。蕭吉洋校長很驚訝：「怎麼你什麼時候去進修，都沒有其他老師知道！」

我是主任班十六期（受訓十二週），校長班二十六期（受訓八週）。進修我是跑很快，後來到省北師（即今國立臺北教育大學）；以及在臺師大選修十多個學分，主要是教育學、教育心理、文字學等課程。我一心追求突破，完全不影響白天的工作。說不上刻意低調，但個性使然，就是默默進行。不為了當主任、當校長而進修，是為了充實自我，可以對學生有更多幫助。

當了四年主任，我參加校長甄選。分數是智仁勇三級：智是學校在三十六班以上規模；仁是十三班到三十五班；勇是十二班以下學校。我的分數屬於「仁」。一般（平地）學校要高積分，智或仁；「勇」級低積分會被分派到偏遠（山區或沿海）學校。

既然是照積分高低，排名順位就很重要。有一位資深主任，分數比我低一點點，就排我之後，所以我下來他就可以上去。他當時是教導主任，相當於副校長，等於是校長第一順位代理人。一九七四年學校行政組織改變，校長下設教務、訓導、總務三主任名額。但他還是以副校長自居，開會把我們椅子往後移，不准我們跟他同排。他堅持階級不可逾越，可是幾個同事又故意偷偷移回椅子，看他氣呼呼，模樣逗趣。

他「勸退」我，暗示我不用去考，因為他覺得我是女性，「到偏遠學校，諸多不便」；再說，我於頭前國小二年、江翠國小四年，總共才六年主任資歷，我算資淺的，「理應敬老尊賢，讓他先上」。

對於他好意勸退，我表示：「完全可以理解。」他以為場面會很難堪，沒想到我這麼識相，喜問我：「下一步有何打算？」我說只有一個打算：更加勇猛精進準備考校長。

他一聽，就把話講開了：「你這次不要去，把資格讓給我。我看你是不可能上的。」我也明說：「沒有關係啊，偏遠學校我也不一定會上。考不上我也要試試看，更何況又不是已確定考不上。」

那屆一百多人去考，全省錄取女生只有十二位。臺北縣有四位女校長，我是其中之一。

如果說有人可以讓我退出教育界，那應該只有我媽媽。有一次她從桃園來臺北看病，看完病後，選擇不治療。我就跟她說，「如果你不治療，我也不要當老師了。」她只好開始接受治療，過了五年，已經惡化。那年是一九七九年，我考上校長，受完訓，只是還沒派任。媽媽很欣慰，無憾離開。隔年八月，我就被分派到北海岸的鼻頭國小當校長。

另一項榮耀也讓媽媽很歡喜。在頭前國小當主任時，林超森校長幫我提報「特殊優良教師」（即今師鐸獎）。當時有督學跟我說，審查過程中提到我名字，沒有一人反對。

堅定信念，謹言慎行

我堅信以教育翻轉貧窮

一九八〇年八月，是我個人教育工作里程碑，我到東北角的鼻頭國小擔任校長。

這是我第一年當校長，也是鼻頭國小首任女校長。那時北海岸濱海公路剛剛通車一年，但學校有宿舍。對我來說，偏遠沒關係，有宿舍住就可以。因為我從來不是對生活要求享受的人，所以很容易適應。

鼻頭國小每個年級一個班，班上才二、三十人而已。十位老師，全是外地來，都住宿舍。中午和晚上，我跟老師圍一桌吃飯，飯桌上，閒話家常，說說笑笑，很溫馨，別有一番風味；如有需要，直接開校務會議，很方便，所以向心力很強。

有一次運動會，前一晚忽然下大雨。我心想糟了，辛苦畫的跑道線一定全被雨水沖掉。第二天我一早起來，雨是停了，但跑道線全然無損。原來主任帶老師，早上四點重新畫線，整理場地，掃除積水，使運動會照常舉行。整個團隊非常優秀，很多老師是師專剛畢業，士氣高昂。我的主任一年換一個，都是外調後，也考上校長。包括：許利禎主任、李昆妙老師、吳來旺主任。這完全在我意料之中，從他們日常做事態度即可見端倪。

但還是有令人挫折的事。因為學校在東北角海岸，很多學生家裏是捕魚的。經常有老師跟我講，家長覺得書不用讀太好。我說如果你下次再遇到家長這樣說，趕快到校長室叫我。

我跟家長說，老師很有心，自己多花時間，幫學生補習，那是補救教學，而且是免費。很多同學都有參加，也確實進步不少，幫助很大。

家長肯定老師的用心，卻搖搖頭，說：「家裏捕魚，需要人手。我們很欠人手，抓小卷，價錢很好，現在正當季。」

我說，你要想遠一點啊，為了孩子的前途。

但家長堅持不用。因為家長覺得，家裏有漁船，只要給他一條船，他會捕魚，生活沒有問題，不用參加補救教學。我們就沒有辦法。常常遇到這樣的情形，很無奈。

我講的是孩子未來發展，家長跟我說每天抓魚就有現金進來。小學校，小村，人口不多。我一直苦思，怎樣讓這個村的孩子將來有更好的發展，但家長很難溝通。

學校教育和家庭教育不可能是平行線。我不會氣餒，遇到下一位這樣想的家長，我還是會極力勸說：「要讓孩子升學，注意功課。」只因為我相信：教育才能翻轉貧窮。我自己就是最好的例子。

二〇一九年諾貝爾經濟學獎得主巴納吉（Abhijit Banerjee）、杜芙若（Esther Duflo）在《貧窮的本質》（*Poor Economics: A radical rethinking of the Way to Fight Global Poverty*，北京：中信出版社，二〇一三年四月）一書中提到，每多接受一年小學教育的人，其收入將提高約百分之八。

這本書還提到一九六八年，臺灣制定了一項法律，要求每個孩子必須接受九年的教育（之前的法律規定為六年）。對於孩子們的學校教育以及他們的就業前景，這項法律都具有重要而積極的影響，對女孩來說尤為如此。教育的好處不僅在於金錢——在臺灣，這一計畫對兒童死亡率的影響也很大。

我和老師去學生家放鞭炮

全校只有六個班的鼻頭國小，老師流動率很高。對學校的發展，是一種阻力。

長久之計，是先培養一位本地老師。

我注意到一位小男生張永進，他最愛看書，成績也最好。不只是班上第一名，也喜歡課外讀物，程度很好。常常整個圖書館空空蕩蕩，就看到張永進一個人在看課外書。跟他聊天，才知他將來也希望能成為老師，回家鄉改變自己成長的地方。

於是我請張永進的級任老師特別關照，這位老師很年輕，幾乎以校為家，經常為了孩子讀書的權利，積極向家長說明。他也認同我的理念，以教育翻轉貧窮。

後來張永進國中畢業，想考公費的臺東師專，國中主任二話不說，搭了火車就去繳錢報名，完成一切手續，讓孩子安心應考。張永進多年後得知當年主任默默為他做的事情，將感動化為行動，幫助更多弱勢學生。

我那時已經完全理解，為何一通過會考，新坡國小鄭來進校長晚上就到我家，希望我留鄉任教。放榜當天我一直注意榜單，得知張永進考上，我和這位主任買了長串鞭炮，兩人興高采烈直衝張永進的家。

張永進不在，全家都沒人在。但鞭炮都買了，還是要慶祝，放了再說。街坊鄰居聞聲紛紛出來張望，他們一定覺得奇怪，怎麼有兩個明明看起來很端莊的中年女子，會在寧靜小村做出這麼瘋狂的事，像中頭彩似的大肆慶祝。

這位把張永進當自己孩子在照顧、跟我一起去放鞭炮的熱血主任，就是欽賢國中鼻頭分部主任，現任慈大附中校長：李玲惠。

我的治校理念

我的治校理念來自於：第一，考上校長後，接受培訓，資深校長來當輔導員，我從培訓過程中獲益良多。

第二，我很幸運，小學遇到第一位好校長，鄭來進校長，我對學生的生活教育很多都是受他影響。我對同仁的相處也是學他的遠見與器度。此外，因為要常常開校長會議，認識的校長愈來愈多，可以說，每個校長都有他的優點。

第三，邊做邊學。當了校長，有更多機會看別人是怎麼做的，自然而然會有自己的心得，想要突破，追求更好，有所創新，達成建樹。看別的學校，想自己的辦學，會有信心，從別人批評當中也可以有所得。

勇於承擔很重要。還沒成為校長前，我在某校教一年級，那時候教育部推廣注音符號，上級長官很重視「注音符號直接教學法」。這是針對學習注音有困難之學生，所設計的一套注音補救教材。研究顯示，可顯著提升學生的注音符號認讀、拼讀能力，並有助持續專注學習。

有一天學校忽然接到公文：督學明日到校，會抽考一位老師。以抽籤方式，督學抽到誰，誰就上臺示範教學。

傍晚，緊張的主任特地私下來找我，很誠懇說：「楊老師，不好意思，可能要請你今天放學後，留晚一點，好好準備一下。那個，明天督學來，不管他抽到誰，你就……嗯，上臺示範。」

一聽我就懂。當時一年級的老師，都是年紀很大的老師，對於新的教學法不順手，而且更害怕公開授課。為了顧全大局，我是最樂意配合的。直接請主任放心，我會盡力。

第二天督學到校，立刻抽籤，也不用頂替，就是抽到我。我無須準備，因為我每天都在準備。後來校長記我嘉獎，感覺挺好的。這次表現，也有助於我後來晉升校長。

這事我一直覺得很好玩，放在心上。我當時認為老師就是要能公開授課，這是最基本的教學能力。當老師，除了遵守學校政策，要了解這項政策的用意。教書是本行，本行都做不好，那還能做什麼事呢？

專注本行當然是很好，但有的老師畫地自限，只管本班，堅持「那是我的學生，其餘老師不要管。」

可是我覺得，如果學生有偏差的時候，他選擇跑來告訴你，你要不要管？

所以我認為：「所有學生就是所有老師的學生。」就是因為聽過那位老師「你別管我學生」這樣的話，我才有此想法。我覺得，對的事情，一定要做到。如果分「你的學生」、「我的學生」，學生只聽你的，其他老師的話都不聽，這樣子一定會出問題。

從一九六二到一九七〇年這八年當中，各班人數很多，幾乎沒有科任老師的。一個班級的老師員額編制是一點一人，也就是十個班才十一位老師。人手不足，課很多。

所以包班就是：這個班給你，一天到晚都是跟學生在一起。一整天都在教室，很少到辦公室。正因為很多時間都在教室裏，學生什麼事都會跟我講。一天到晚都坐在教室，小朋友很容易覺得無聊，反正沒事，他就蹦蹦跳跳來看我在做什麼？問：「要不要幫忙？」跟我分享很多事情，家裏的事大大小小、貓狗魚鳥寵物事也會跟我講。算是比較親近，這點和現在倒是有很大的不同。

我大多時間用在備課，其餘就看自己有興趣的書。很少跟人閒話家常，除非他有很特殊的教學心得，或是有創新教學方法。大體而言，如果是交換教學經驗，我還可以；聊八卦，我沒興趣。我工作很專一，就是把學生照顧好，很簡單的想法。

很多人問我，身為女校長，這個身分來講，是一種幫助，還是一種阻力？機會是平等的，校長的分派依照考績，所以一切都很公平。當然有些校長可以如己所願，分發到平地；或是派到離自己家近的學校，那是靠本身實力。至於我個人，既沒有背景，也無法靠關係，只能憑自己的努力，把考績拉高一點。

男校長是大項的跟老師講了，其他細節，老師自己要做；但我是大項講了，哪些小地方要注意也會說，順便親自看你怎麼做。

我人生中第一位典範校長是新坡國小鄭來進校長。鄭校長有九個女兒，其中兩個女兒跟我同班，非常有禮貌，舉手投足一看就知道家教非常好。他太太也是老師，也在新坡教書，是我哥哥的級任老師，對生活教育很重視。

鄭來進校長對老師，不像上司對下屬，而是直接把你定位在人才，把你當人才在栽培，將你視為工作夥伴，一起討論，尊重你想法，交換意見，一起成長，共同為學校努力。他對學生，真正的視若己出，常打電話到學生家裏。家長很訝異：「第一次遇到這麼認真的校長！」

我何其有幸受前輩關照，至今感念。而我回報他們最好的方法，就是把每位與我共事的老師當成善知識，真誠以待。對學生有更多的耐心，為學生的品德和基礎教育打下最扎實的根基；更重要的是，啟發孩子內心智慧，讓他們擁有為人群謀福的良知。

為人師表應極力謹言慎行

有一次校長會議，在場多為男校長，女校長很少，大概只有兩、三位，全部共十多位。我開會向來就是提早一點到，一個人安安靜靜先看資料。

在正式開始前，主席校長年紀很大，快退休了，很資深。他忽然說起笑話，我起先不在意，完全沒注意。後來他愈來愈離譜，竟然說出不雅字詞。當下，我心裏很訝異，你怎麼會說這樣的話。隨即很生氣，於是不客氣的告訴他：「你要去漱口。」我只說這句，直接跟他講。

在場所有校長驚呆了，他們沒料到我會這麼直接，這麼有勇氣。我沒想那麼多，只知道那是絕不容姑息的錯誤示範，那是最糟糕的身教。那個老校長大概從未有人敢這樣當面指責他。我就是敢當面頂撞，我不怕，因為他做了錯事。

從此以後，私底下他遇到我，也不跟我打招呼。當然在會議上還是會碰面，他就不敢隨便講了。堂堂的校長，而且是指標型校長，一個標竿人物，等於是校長的領導，竟敢隨便講不雅笑話。你敢講，我也敢糾正你。而且當場無人緩頰，我太不客氣了，因為他實在太過分，我太生氣了。

校園性平教育，從小教起，最是重要。但長久以來被忽略，我們一定要教育學生「尊重」。以人為本的教育，從尊重他人的人格和身體做起。若沒有這個「尊重」的觀念，校園霸凌會一再發生，衍生為社會問題。

為人師表，怎可以不注重自己一言一行？何況是校長。

有一次我收到一張邀請函，是我之前一位學生寄來的，邀我參加同學會。我從事教育已有一段時間，當年小學生早已成家立業，進入各行各業。

邀請函還特別說明，自己白手起家，今事業有成，欲回饋鄉里。想聽聽我的建議，請我務必撥冗賞光。

從他年齡回推，應該是我早期剛教書的學生，只是完全沒印象。但如果他身上有勵志故事，可以成為生活教育教材，那我也可以請他到校演講，倒也不錯，於是答應。

到了現場一看，確是之前學生。他熱情招待，一番寒暄之後，他忽然很嚴肅地說：「老師，我今天請你來，是有一個問題想弄清楚。是關於你還是老師的時候，教過我，當年發生的事。我忍到今天，終於可以當面問你。這是我輩子最重要、也最想問的事，如果今天我沒得到答案，我可能會失望。」

有這麼嚴重？到底是什麼事？

只聽他繼續說：「當年有一次月考後，你說我連班上某某某都不如，我今天就請你親口說，我真的不如那個人嗎？」

他口中的「某人」，是班上最後一名。當時班上有四十位同學，如果說不如某人，那不是第四十一名的意思，那是第五十名的意思。因為某人的程度，大概離全班最後一名還有十個人的差距。說他連某人都不如，應該是傷透他的心了。

我溫言解釋：「完全不是那個意思。我當時只是一種激將法，因為你不交功課、不讀書，我一時想不出好的方法，你又一直勸不聽，所以我才用這個激將法。」

他鬆了好大一口氣，說：「原來如此，我可以永遠釋懷了。我當初被你這樣講，很不服氣，一直問自己，我有那麼差嗎？那麼差嗎？但得不到答案，所以一氣之下，乾脆發憤圖強，就是要做給你看。我偏不信，我真的有那麼差嗎？哈哈！哈哈！」

他開懷大笑，我聽得心驚肉跳。還好他一氣之下，是發憤圖強，如果一氣之下，是往下沉淪，那我罪過就大了。

這是我唯一一次參加過學生的同學會，也是最難忘的。影響我很大，深深引以為戒：老師的一言一行，都要很謹慎。就算是氣話，也不能隨便出口。話一出口，影響可能就是一個人的一輩子。

後來他到鼻頭國小看我，說：「在臺北生意做得很好，想選市議員。該不該選？」我說，「你賺很多錢，想擴大服務層面，可以參選；如果想以議員之名賺更多錢，那就不要選。」

他說我是影響他很大的二位老師之一。很久之後我遇到他同學才知道：他始終沒去選議員。

無緣婚姻

媽媽生前一直對我說，「女生應該要成家，不然的話，你將來要靠誰？」我也一定回她說，「靠自己啊，對不對？靠自己，最可靠。」我就是這樣想的。

當初媽媽為我訂了一門婚事，對方在基隆。我在桃園新坡國小教書，距離問題要先克服。我想調到基隆，於是我一直聯絡之前朋友，找了很久，幾乎把所有可以問的人都問遍了。

好不容易找到之前有一位在師範的同學，他表哥是在基隆五堵國小任教，為我找堵南國小教師缺額，要我先把履歷寄過去，一有缺就可以立刻補上。

婚姻是兩個人的事，交通問題牽涉到工作，牽涉到工作就牽涉到收入。我雖未婚，但不用結婚也知道，經濟問題是夫妻爭執、甚至吵架的導火線。這麼重大的問題為何是我一人從頭到尾在努力？這讓我對男方誠意，打了一個大大的問號。我雖然當老師不久，但從一個小朋友日常處理生活的態度，就大概可以推測出他的家教——這是可以託付終生的人？

在疑慮中，那個男生有一天到堵南國小找我，說：「你媽媽解除婚約了。」照常理，不管是男是女，無論已婚未婚，聽到這句話應該是立刻反問「為什麼」。但我當時竟然說：「你同意了嗎？」

他大概也嚇到了，我全無挽回之意，惋惜之情，好像理所當然，完全意料之中。但我真的不知道我媽把婚約解除，她之前完全沒找過我，事先商量。這不奇怪，怪的是我完全不怪她。

只聽他說，「我同意。」頓了一下，又說，「我只是來跟你說一聲。」

我說那就不用講，你已經答應了，那婚事就沒了，不必問我意見。

其實我也不知道，他到底知不知道我不知道那是媽媽自己的決定，不是我的意思。但既然他都同意了，那就不用再多說。

我猜他來找我，想得到一個答案。可是我也沒有答案，只能冷靜回應。緣分這件事，我覺得要順其自然。比如我當校長，也是順其自然。得失心不會太重，派我去哪我就去哪，不敢說「無入而不自得」的高段境界，但至少能隨遇而安，不抱怨路程遠。

現在若要仔細推究，這種個性，究竟是怎麼形成的？

或許可以追溯到，我從小就是很苦，所以什麼狀況都可以看淡，任何環境都可以適應。

又，為什麼我可以一直都是這樣，不論外境如何衝擊，始終保持心境上的持平，情緒穩定，無大起大落？

我自知沒有背景，也不是八面玲瓏、四處搶功的人。就是過好每一天，不求轟轟烈烈，只想實實在在，做好每一天該做的事，一直抱平常心原則做事。我在鼻頭國小當校長時，多才多藝的戴國星主任（後來也是校長）刻了一枚印章給我：平常心。

就是不強求，沒有特殊要求，不計較。不會刻意說，一定要這樣，一有不合我意的事就心煩意亂，不會這樣。

我本來也不願意結婚，是我媽媽說這個人可以。當時雖是父母之命，但我其實是違抗的。我根本不認識對方，從來沒有跟他單獨出去過一次，怎麼結婚？

不想結婚的另一個原因是爸爸。爸爸生前傳聞有外遇，我媽媽尚未證實，但人云亦云，獨自傷心。我其實也沒有看到爸爸怎樣，跟他往來都是做生意的朋友，談的都是生意上的事，沒有外遇證據。我跟媽媽說，街頭巷尾三姑六婆，茶餘飯後無事生非，聽過就好無須在意。

但媽媽認為無風不起浪，非常痛苦。我很為媽媽抱不平，也告誡自己，將來一定要靠自己。所以我覺得不一定要結婚，但是必須獨立，完全獨立，徹底的。導致日後我總是很堅強，就算故作堅強，裝久了也變真的。

從年輕的時候我就覺得結婚不一定會很圓滿，這不是悲觀主義，也不是單身主義，這跟什麼主義都無關，跟靠自己有關。做任何事，靠自己。靠自己很重要，所以我後來也跟我的侄女們耳提面命：結婚不是兩個人的事，是兩個家族的事。一定要靠自己，不能靠對方，就是這樣。

心不正不可能把學校辦好

堅定維護學生的受教權

一開始當校長的時候，我發現有的資深老師已經「定型」了，你很難講他，而他的教育理念，很多都是錯的。

某位主任，離退休還有三年。他經常藉故公出，而且一出去都很久。某天他在上課前又不假外出，逾時未歸，學生找其他老師，老師只好跟我回報。

我告訴這位主任：你的課本來就不多，如果真的臨時有急事，很重要，必須出去，請你跟級任老師講一下，這樣就好了。不要讓老師來找我，說主任出去都沒有講，找不到主任了。

他還是愛理不理，我又強調：你不能耽誤學生的課，學生有受教權。已經發生很多次了，我當然要處理。現在把話說在前面，如果再發生一次，我只有公事公辦了。你也有排課，一定要上。如果要出去，可以，請你先請假，找人代課。一聽我要依規定處置，他惱羞成怒：「既然這樣，你出去也要請假。」

在那個「保密防諜，人人有責」、「小心！匪諜就在你身邊」的年代，他就是負責這一個部分，負責觀察每一個人的行為和思想，我也歸他「管考」，在他的監視範圍內，如果他發現不對，覺得我有異，就往上報。接下來主管機關就會查有沒有這回事？如果有，是對國家不忠？或者是對學校不忠？危害程度如何？或者說，我思想是不是有問題？適不適合當校長，要不要進一步調查？

他大概認為我會覺得後患無窮而退縮，沒想到我說：「好啊，沒問題。請假就請假，我也依規定辦手續。你是我代理人，我會去找你簽單子。」

敢怒不敢言，他離開我辦公室。在我辦公室不敢講，他接下來四處跟同仁說：「我是出去做公關，因為校長都沒有做公關。將帥無能，累死三軍。所以我幫學校做公關。不知感激我？居然還叫我要請假。」

我還真不懂學校要做什麼公關。開會我是一定要去，那是規定，身為校長，當然要出席。但是一些無關緊要的應酬、聚餐、聯誼、茶會，我是敬而遠之，能不去就不去，敬謝不敏。

因為我認為不必要，在這個學校服務，是我的職責，我存心要把教育辦好。當校長愈久，我愈覺得：教育要辦好，你一定要心很正。心不正你就辦不好學校，因為你會想要這個人幫忙，要那個人關說，要什麼人請託，免不了利益輸送，避不開人情壓力。所以我從來沒有，堅持劃清界線。

後來這位主任申請退休，我當面慰留：「你不一定要退休，把份內事情做好，就好了。為什麼一定要退休？」他不回我，面無表情。

他覺得我很難溝通，我自認依規定處理，沒有對不起他。

有一次，他介紹的廠商要送茶葉，我也婉拒。我只喝白開水，你送茶，我用不到。我喝白開水已經習慣了，這樣很健康，一點都沒有壓力。我若收你的茶，日後每次喝茶，我都會想起，是不是有什麼事還沒報答你。我想，「白開水校長」的稱呼，大概是從這裏不脛而走的。

後來很多校長跟我說：「這個主任你也敢惹？他要出去做公關你就讓他去嘛。你來之前的三任校長都拿他沒辦法，強龍不壓地頭蛇，他在學校太久了。對他的恣意違規行為和目中無人態度，大家敢怒不敢言。但一尊瘟神，終究還是被你打發。」

我說我不是故意跟他作對啊，對事不對人，我也沒有特別針對他。可是他明明有課，不上課跑出去，教室鬧空城，這樣可以嗎？

為什麼當我很認真、很認真問其他校長「小學要做什麼公關」，大家都覺得我在開玩笑？

又過了一個月，他堅持退休，我只好簽報。說真的，我也不清楚原因。如果跟我的行事風格有關，他覺得我不尊重他，我冒犯到他，讓他覺得不舒服，心裏不愉快，跟我有芥蒂，那我真心建議他：自己想辦法慢慢消化。

學生的健康永遠是最重要的事

在某國小任校長時，有一次午餐，我覺得吃到的飯怪怪的，口味不同。我對飯的味道很敏銳——來自貧窮。父親過世後，家裏米缸常常見底，更別想吃到一等米。所以我只要吃到不好的米，當下就知道。

公立學校的採購都是經過招標程序，我買的是一等米，學生吃到劣質米，絕對要查清楚，公事公辦。

原來這間米商在我到職之前，就一直是學校的「固定合作」廠商。規定是公開招標，為何能長期合作，這不在我的管轄範圍內。但我明明付的是一等米的錢，廠商送來劣質米，這我一定要弄清楚。

見面當天，就事論事，拿出合約。對方推託，含糊其辭。我堅持換米，不換米我就換廠商。對方卻老神在在，胸有成竹。說什麼米還沒換，說不定先換校長。第一次討論，不歡而散。

還沒等到第二次討論，這天下午，家長會委員就上門了。我也沒多說，邀請他次日中午到校一起用餐，吃吃看那是什麼米。他雖自知理屈，卻還是強詞奪理，盛氣凌人，講得頭頭是道。但不知怎地，就是沒見他來學校用餐。

再度碰面。廠商一再說，米已經進貨了，叫我不要這麼不通人情。我說，人情世故我也不是不懂，但學童健康第一，學童權益至上。我身為校長，要把關，要極力爭取。

廠商又說，這批米用完，下次一定用一等米，不然貨都進了，會賠錢。我說，如果你不立刻換米，我恐怕你賠的不只是錢，還有你店家的招牌。

一番波折，終於再次公開招標，換掉廠商。同事有人拍手叫好，有人為我捏把冷汗，跟我說：「連他你都敢惹？他是地方角頭，黑白兩道誰不賣他面子？他跟歷屆家長會長很熟，跟教育局官員很好，跟民意代表常常吃飯，跟高層有淵源，你怎麼敢捋其虎鬚？」

我說，不管什麼虎鬚牛角，高層低階的，我付一等米的錢，為什麼學生吃到劣等米？為什麼？

半年後我參加一次會議，與會者有各校校長，地方民意代表。會中，有代表質問我：「楊校長，貴校教師請調率很高，你學校辦不好，老師都走了，所以你這個校長也應該要走嗎？相信是這樣的。請答覆。」

我一看，那位米商他也參加了。今天這場子想必他處心積慮，安排甚久，公報私仇，擺明要我難堪。但都過了那麼久，他卻一直掛在心上。掛這麼重的東西走這麼遠，對身體恐怕也不好，讓我來解一解。

於是我說：「公立國小的老師，請調權責是在教育局。而教育局也不是說調就調，有空就調的。要看這位老師的考核。現行教師考核，有既定的標準，有明確的項目，有嚴謹的規定和程序。如果我辦不好，老師積分不高，是不可能調動的。我的午餐辦得很好，是優等獎，所以教育局給我們嘉獎的名額比較多。辦不好，名額少，那是一定的道理。我們的老師調到永和的國小，那是一所辦學績優學校，考績分數要很高才進得去。別的學校老師調不進去，我校有三位申請成功，請問我哪裏辦不好？」眾人面面相覷，無話可說。

後來又有人跟我說，「你真敢講欸。他們如果真要換掉你，還是很有可能的喔。」我說你不用為我擔心，我一點都不害怕。行得正，坐得穩，我正派辦學，校長位子自然坐得穩穩的。

我一定要對得起「校長」這個職銜

一開始任校長時，常常有地方官員希望我多多配合，好講話一點，做事可以有一些彈性，不要這麼難溝通。

當時，議員手上握有補助款，他可以決定要給哪個學校。但這樣一來，就我所看到的情形，接下來議員就會有「建議」廠商名單，言下之意，他已經幫你物色好適宜廠商，你只要照辦即可。

於是我常常聽到「這杯酒，你喝了，有好處。」我只知道喝酒傷肝，其餘好處一概不知。

我只知道，只要當校長一天，這天就要對得起「校長」這個職銜。如果我觀念偏差，學生權益一定受損。如果我連這點基本認知都沒有，我覺得我失職。

例如，外賓參訪，學校不加菜。我主張：學生吃什麼，來賓吃什麼。他既然想看學生的生活，沒問題，我就呈現日常生活給他看。若因此認為我寒酸小氣，我也沒話說。我在意的是學生權益，經費是用來照顧學生，而不是做表面功夫。

又如，學校工程留下的鋼筋或水泥，往往會有人介入，建議挪為其他用途。我堅決反對，這是用學校工程款，經招標程序，剩餘下的公物，只能為學校所用。對方認為處事應該知變通，我說我不是頑固不通，而是於法有據，依法行事。公物就是公物，要分得很清楚。

「檯面下互相講好」、「不能說的默契」，這種官場文化，眾所皆知，由來已久。當我表明個人看法，指出對方觀念偏差，對方居然不知退縮，反而侃侃而談，油腔滑調；如果我婉拒收禮，對方還振振有詞，說我故作清高；最後我只好直接回絕他開的優惠條件，絕不同流合汙。他竟然對我「曉以大義」，好像大家都這麼做，我不跟著做就是不合群。我不會當場給對方難看，但我一定要嚴正自清，堅守原則。萬一場面很僵，我會先離開現場，緩和一下。

可怕的不是墮落，而是墮落的時候非常清醒。

在山佳國小完成兩項重要建設

一九八四年，我調轉山佳國小任校長，完成兩項極有意義的工作。

某日接到教育局專員通知，有一百萬經費可供學校運用，但捐款人已指定用途：蓋圖書館。

原來捐款人是前臺北縣長戴德發先生，他也是山佳國小畢業。貧苦人家出身，所以分外能體會沒錢卻想唸書的苦，臨終前囑妻子為他的母校蓋圖書館。

隨即依規定招標，那時校內有一棟一層樓建築，原樓加蓋一層，約有三間教室大。工程每到一個進度，我就邀請縣長夫人到校參觀，每一筆費用，小至一塊錢，我都記錄得清清楚楚。

圖書館落成啟用後，我請縣長夫人到校，跟學童勉勵幾句，並致贈感謝狀。之後並拿出餘款說明書，還有十二萬兩千七百八十九元。夫人很是驚訝，看著說明書問我，怎麼可能還有剩。

我向她解釋，當用則用，當省則省，一切依規矩。我同時爭取將餘款轉用為圖書購買預算，夫人欣然同意。

我一直堅信從小培養閱讀習慣是最重要、最有意義、也最值得投入時間的事。那時有線電視尚未普及，智慧型手機還沒問世，沒有網路，要找資料一律上圖書館。所以還是有許多孩童把時間花在閱讀上。無論到哪個學校，我總是鼓勵學童閱讀課外書，養成讀書習慣，這是一生的珍貴寶藏，無可取代。

之前學校沒有禮堂，只要天候不佳，不論朝會，運動比賽，展覽，各類活動都不是很方便。後來學校有一筆補助款可蓋禮堂，但不足部分要自籌配合款。大家都很熱心，因為期待已久，不斷爭取，終於有著落。

於是我們就組織一個禮堂籌建委員會，分工合作，齊心募款。地方人士也很有心，家長會也多方協助。最值得一提的是校友，一呼百應，所以很快的這個款項就募足了。

這件事也帶給我深思：想做好事的人一直很多，給他管道，他就會參與。前提是你必須秉公處理，讓對方確認、信賴你的公信力。

現在仔細回想，我之所以會養成這樣的個性，是什麼原因。

十四歲喪父後，家境困頓。債權人沒借據，硬是上門討債，母親堅持照樣還錢。因為母親一再告誡我，一定要做個光明正大，問心無愧，誠正信實的人。如果對人有虧欠，會被人看輕。所以養成我獨立堅定、信守原則的個性。

母親讀書不多，她的教育卻影響我一輩子。她從不說大道理，就是做給我看。從洗襪子的仔細到還錢的堅持，只有小學學歷的她早就知道，這世上有比金錢、名聲和地位更重要的事：一個人的良心和品德操守。

在教學過程傳播善心善念

孩子的心是一畝田，做師長的如同農夫，只要用心耕耘，孩子的心田就不會長出雜草。

為學生想得更遠，做得更好

我堅持學生應以課業為首，為學校寫歷史

一九九二年我到臺北縣錦和國小擔任校長。老師來找我，希望將學校原就有的「柔道組」改為「柔道班」，意即練柔道的同學編成一班，要團練就團練，方便管理。

我反對。理由是為了參賽，學生要花多少時間來訓練？課業不會受影響嗎？興建柔道教室的目的，是要提供學生五育均衡的學習環境，不是要他們去比賽的。

「可是，去參加比賽才能為校爭光呀！」老師很堅持。

我知道這有利我的辦學績效，可以藉此自我宣傳，甚至影響調動。但我向老師進一步說明：為了比賽奪冠，影響學生上課權益，影響他的前途。基礎沒有打好，上國中就很吃力，將來無論考高中還是走技職體系，學生都會很辛苦，很挫折。這對他們來說並不公平。

為了要比賽，整個禮拜都不上課，全部時間來練習。我很清楚練習狀況，沒錯，這樣集中時間練，一定得冠軍。但代價是什麼？學生回家極度疲累，想要複習白天錯過的課程，看看其他同學筆記，也心有餘而力不足了。

於是我建議，早上可以早一點到校，下午晚一點回去，其餘時間正常上課。

非常感謝指導老師，早上六點多到校，學生七點集合開始跑步。跑到圓通寺再折返，就這樣練體力。最後我們柔道得到第一名，男生女生組都是全臺冠軍。

這樣的老師我想現在也很少了，雖然當初他們也很忍耐，認為我難溝通，不通人情，不講道理，不給面子。可是我覺得該堅持的一定要堅持，如果用學生的課業來換獎牌，對我而言毫無意義。

得冠軍之後獲得到紐西蘭、澳洲交流機會，經費有限，我雖不是教練，但自費陪同，分享榮耀與喜悅。那真是美好而值得回味的年代：師生都很單純，為了一個簡單的目標，大家一起努力，一起把事情做好。

當時有一位音樂老師吳昭賢，很想成立管樂團。可是學校沒有樂器，其他音樂老師意願也不高。後來他就積極跟家長溝通，家長也支持。但我所考量的是，管樂器並不便宜，可行性不高，建議他別再投入時間。

一般人被這樣潑冷水，應該會打退堂鼓，但是他卻更積極，找更多家長，做更多努力，花更多時間。這下連我也被他滿腔熱忱所感動，於是說：「不然這樣，請你再去跟家長溝通看看，希望針對學校無樂器這點，能有更圓滿的結果。」

再度討論，他們說「有兩個方法，一個就是捐錢給學校，由校方購買；一個是先買樂器，之後再捐給學校。」

我表示：向來不經手錢，所以不要捐錢。但如果有樂器要送學校，那倒是絕對歡迎，多多益善；而且我保證發揮最大效用，不辜負家長捐贈的美意。

管樂團成立後，經常需要練習。又發生和柔道隊一樣，老師希望把學生集合成一班，方便管理。我依然反對，反對理由還是一樣。

學生要多學課業以外的領域，當然是很好，但別人跟你上課時數完全相同的情況下，你多學了，就是你的。你的學習成果比別人豐盛，代表你時間管理比別人強。從小養成這樣的觀念，贏別人很多。

我很欣慰音樂老師們認同我，全部指導老師和學生都是提早到校，晚回去，訓練過程沒有犧牲一節正課。於是我讓管樂團可以不參加朝會，用這段時間練習；此外，週三下午也全是練習時間。

有熱血老師，有認真學生，有家長支持，成果展現，自然非比尋常。昭賢老師剛好有認識香港的音樂家，促成我們正式交流，我們師生和家長一百多人浩浩蕩蕩去香港，在九龍尖沙咀文化中心演出；禮尚往來，他們也有九十人團隊來訪，在臺北縣文化中心演出。

這就是國際觀，這就是地球村，這就是教育。我雖是校長，有時也給班級上課。我常常不在黑板前上課，而是整班直接帶到校史室。看著整面排滿各式比賽的獎盃牆，我跟學生說，這些榮耀都是你們學長學姊得到的，你們在錦和上課的時候，就要想到錦和的優良傳統，想到學長學姊有這麼好的表現。你能不能發揚傳統，再創新猷？你也可以。這叫做為學校寫歷史。

給犯錯的孩子一個機會

某個假日，值班老師巡視校園時，發現好幾間教室玻璃窗被打破。我到現場一看，五間教室，每間都有三塊窗戶玻璃被石頭砸破。應該是昨天半夜，而且我推測是一群人所為。如果一個人，他砸第一塊玻璃發出巨響，跑都來不及，怎可能把剩下玻璃全部砸破。

調閱監視器，把七位學生全部找來。我先問，有沒有人受傷。眾學生面面相覷，大概覺得這時候校長還關心這個問題，委實難以置信。接下來我就一個一個問，為何砸破玻璃。

「是我對你們不好嗎？」

「是主任宣布什麼事讓你覺得困擾嗎？」

「是老師冤枉你，使你不開心嗎？」

「是學生欺負你，你找玻璃洩憤嗎？」

拒答，面無表情，無所謂，不承認，冷漠，低頭，與我無關。他們大概進校長室之前就打定主意，採取不合作態度。反正說不出原因，也不願意講。

打定主意的可不只他們。我把家長全部找來，當著全部家長的面，還是一個個問，為何砸課桌椅。

問到一半，有位家長很不耐煩，直接打斷我，怒氣沖沖質問：「把帶頭的抓出來不就好了？一定有人帶頭。你問是誰主導怎麼問得出來？不要浪費大家時間。」

我說不用抓主導，你的行為不對，就是要認錯。不是因為人家教唆你一起，慫恿你往錯的路走去，你還跟著他一起錯。誰是主導，大家都不是主導；誰是主導，每一個都是主導。

孩子犯錯，家長一起聽訓。幾位家長面有難色，漸露不耐，更多的是不悅。我鑑貌知色，又說：「就學校立場而言，可以要各位給付修繕費用；以社會角度來說，我如果積極辦下去，這是嚴重違反社會秩序，所有人都會留案底。但我既沒有說要往上送，也沒有要你們賠錢。我只是想知道，為什麼。」

到底為什麼，我真的很想知道。冰凍三尺，非一日之寒。會用這麼激烈手段表達不滿，一定是積怨已久。是哪一項校務政策，還是哪一位老師，抑或是同學之間結怨，我要知道究竟是哪個環節出問題。

還好他們手上的石頭是砸向玻璃，如果是對人出氣，後果更不堪設想。我自己有先反省，他們為什麼這麼做？為什麼他們這麼恨老師，恨校長，恨這個學校？

家長表情緩和不少，我更進一步說：「教育的意義，是使孩子明辨是非，守規矩，不違法。我告訴學生這是不對的，他就要檢討。只要把我的規勸聽進去，以後不要再犯，就好了。我只要求這樣，這是最基本的。因為行為偏差，差之毫釐，謬以千里。一開始偏的時候不制止、不矯正、不挽回；漠視、放縱、姑息，一定造成社會問題。如果我連道理都不能講，那還能教嗎？若覺得我沒資格說，請現在就帶回去。」

有的家長說謝謝，有的面無表情，有的認為我小題大作，有的責怪是學校教育的錯。

就像那句臺語俗諺說的「細漢偷挽匏，大漢偷牽牛。」行為一開始偏的時候一定要把家長找來，好好講，學生以後就不敢，那就好了，沒事了。因為依據過去經驗，行為偏差的時候，孩子最怕家長到校。

如果我們一看有問題，就把他們往警察局一丟，懶得再去管他，讓他自生自滅，那我們還做什麼教育？永遠要給犯錯的孩子一個機會，但也要他和家長一起了解，為什麼他可以有這個機會。

因為，不是每個犯錯的人都有機會輕易取得別人諒解。

玻璃娃娃的教育啟示

在錦和國小時，有一位家長希望學校能讓他孩子「玻璃娃娃」進來就讀一年級。玻璃娃娃的醫學名稱是「成骨不全症」，由於基因突變，很容易骨折，安全上會有很多考量。

孩子智力沒有問題，只是肢體上不方便。我贊成讓玻璃娃娃到我們學校，因為這是很好的生命教育：培養同學有愛心，懂得關懷別人。於是先詢問老師意見，但幾乎是一致反對：「玻璃娃娃骨頭那麼脆弱，小朋友又都很小、很頑皮，稍微不小心，碰傷他了，我們怎麼負責啊！」、「這個孩子很多課程都不能參與，又需要有人隨時看著他，我怕沒辦法全心看顧他。」、「為了整體班級的教學效果，真的怕會延誤到教學進度，對其他家長也不好交代。」

眼見孤掌難鳴，我暗自焦急。這時輔導主任簡聰成站出來支持我，他的信念是，如果要讓玻璃娃娃入學，校方軟硬體都要先調整，使學生得到最適合的安置。

隔週會議，簡主任提議：「先帶該名家長到教養機構看看，再回來報告，學校和機構哪一個較適合，再做最適當的安排。」我非常同意他的看法。

於是簡主任聯絡新北市八里愛心教養院，帶著家長和玻璃娃娃參訪。首先看到一位玻璃娃娃和孩子同齡，院方人員說，她是被丟棄在診所門口，不會識字。另一位玻璃娃娃十多歲了，還在閱讀小學一年級課本。簡主任心中已有答案。他跟孩子說：「來，跟姊姊打招呼。」孩子怯怯地伸出手，摸了一下對方，透露出的眼神，更堅定簡主任的答案。

回校後，簡主任不斷思索如何順利讓孩子入學。他想，大部分老師之前已表明反對立場。平心而論，這也是無可厚非，老師的責任和壓力可想而知。人同此心，心同此理，他必須選一位不僅有愛心，對教育也有高度熱忱的老師。

幾天後我再度召開會議，先請簡主任專案報告。之後再問老師，我說，「只要接受玻璃娃娃的老師，就可以不要值班，減少老師其他雜務。」我想，這樣一來，應該會有老師願意接受。我又進一步補充：「家長跟我保證，只要學校願意收，絕對全力配合。」

但還是沒有一位老師願意接。

簡主任當場點名：「林惠端老師，願不願意讓孩子到你班上？」

惠端老師的父親在教育界服務多年，也是校長。她同時也是簡主任的表弟媳，當場說：「好，那我試試。」

接下來同步進行，一方面增建校園無障礙設施，一方面惠端老師先就玻璃娃娃的實際狀況、應注意的事，以及教室友善環境如何協助玻璃娃娃安全上下課，告知學生們。最後終於讓孩子順利入學。

多年後簡主任也到慈小服務，告訴我：「聽說孩子長大後，發展得不錯。很感謝校長，也感謝行政人員努力配合，時常關心。當然，後來中年級、高年級的級任老師都盡心盡力接棒，更是偉大與辛勞。」

我說：「當年我就為這三位老師報名『杏壇芬芳錄』，那是對學生的照顧最好，或者特殊表現的優良教師。每所學校只能報一個，但我直接報了三位照顧玻璃娃娃的老師，教育局一開始不同意，後來我請承辦人到校，他們一看就通過了，三位老師都有受獎。」

簡主任還跟我分享：「當年，家長第一次帶學生到輔導室見我，玻璃娃娃被爸爸抱在懷裏，眼睛一直看著我，我接收到那懇切盼望能上學的眼神，到現在回憶起來，那一幕還是那麼鮮明：大大的臉，大大的眼睛……」

我也跟他說：「巡堂時我必定特別關心，學校也提供這類參考資料給老師、同學、家長群參考。我一直覺得自己太幸運了，能到錦和當校長，真是美好的回憶，錦和一群好老師，讓我至今深深感念。」

加入慈濟教師聯誼會

楊月娥師姊帶我進慈濟

有一次臨時接到會議通知，必須馬上出門。來不及自己洗頭，只好到一般家庭美容院。這是我生平第一次踏進美容院，沒想到，這一步，改變我的下半生。美容院老闆娘一邊洗頭一邊跟我聊天，問我是不是住附近？我說是。她又問怎麼從沒見過我？我笑說一向都是自己洗頭。

因為學校事情實在太多，洗完頭我急著回去。離去前，她說，「不知道你這麼匆忙，這樣吧，我們也算有緣，這裏有二本書送你看。」我收下，原來是《人有二十難》、《八大人覺經》，作者是證嚴法師。

回家後，兩個晚上就看完了，很震撼：上人用一種新的說法來說「法」。

我自己從老師到主任，再到校長，時常思索：每年教材都一樣，但學生個性不同，背景各異，吸收能力有別，教師如何用新方法詮釋教材？

例如《人有二十難》的「會善知識難」，上人引用一個日本故事，出自小學教材，用來教育心靈單純的小孩，故事如下：

有位獵人拿槍要打樹上的小鳥，有一隻螞蟻，正好在此時咬了他一口，讓獵人在拿槍瞄準時動了一下，因此小鳥得救了！為什麼會如此呢？原來是那隻小鳥曾經看過一群螞蟻，在水裏拼命掙扎，正當無路可逃時，這隻小鳥咬了一片葉子丟到水裏，讓水中的螞蟻全都得救了！所以當獵人要打小鳥時，螞蟻也趕來救他。他們以這種方式來教育幼小天真的孩子，讓每個孩子的內心都擁有「種如是因、得如是果」的觀念，這也是為了要保持人性的天真。

最後上人闡述故事理念：「我們修行必定要回歸純真的本性，什麼樣的人都是好人，我們要以寬闊的心胸，來迎接所有的人，應縮小自己，去佐護他人，如能做到這樣，那即使是小孩的一句善言，也能教育我們。」

「即使是小孩的一句善言，也能教育我們。」這正是《禮記》「教學相長」的概念，來自「深入經藏，智慧如海」的上人著作，我想，雖身為校長，已遇明師。

這幾年，我無時不在注意好教材、學習新教法，因為時代在變，現階段孩子已不像我這一輩小時候環境那麼單純。現在社會誘惑太多，聲光衝擊太大，電子產品更新太快，在在考驗教育工作者能不能迅速調整心態，與時俱進。

於是我對上人、對慈濟開始產生興趣。之後得知，美容院老闆娘名叫楊月娥，一邊做生意，一邊做慈濟；一邊自己捐錢，一邊向人勸募。她還為自己訂 KPI（關鍵績效指標，Key Performance Indicators），規定自己一個月要向多少顧客介紹慈濟，才算達標；此外，每個月以店營業額的固定百分比，捐做善款。募款又募心，非常有心的資深委員。

沒多久，她之後又以慈濟列車「剛好有多一張車票」，我也以「剛好那天有空」回應，心照不宣，一點就通，一同到花蓮靜思精舍參訪。到了花蓮，她去慈濟醫院健檢，把我介紹給連麗香師姊。

原來麗香師姊很早就拿到了綠卡，為了做慈濟，就把綠卡換成了「慈濟卡」（委員證）。在那個年代，取得綠卡非常不易，但她說棄就棄，全心投入慈濟，我深感佩服，並自我惕勵：我一定也可以為慈濟做點事。

老師回饋的，比我一開始講的還多

連麗香師姊邀我進入「慈濟教師聯誼會」，這是由一群滿懷善心和愛心的教師所組成，於一九九二年成立，以「研討慈濟人文精神，融入教學活動中；淨化校園，祥和社會」為宗旨，期許以「菩薩的智慧」和「媽媽的愛心」，在校園播下美善的種子。

我在《錦和國小校刊》分享我參加教聯會心得，也鼓勵老師分享推動靜思語，一位老師寫下：

任教已進入第七個年頭了，各種教學研習也參加了不少。但總覺得孩子愈來愈不遵守各種規範，往往在犯錯之後，也是一副不服氣的樣子。似乎各種研習總是愈學愈不夠用，在一個班級四十個孩子數量下，老師總得要有三頭六臂，不然就是得十八般武藝各來一招，如果再不行，就扮個惡婆娘狠狠的說上一些大道理。

這位老師的心得其實很有代表性，很多老師遇到瓶頸，都在接觸靜思語教學後有所突破。我以上人常說的「天下沒有教不好的孩子，只有不用心的父母和師長」與本校老師分享：孩子的心是一畝田，師長如同農夫，只要用心勤耕耘，孩子的心田就不會長出雜草。

教聯會的活動有：聯誼茶會、靜思語教學研習、關懷慈善機構、醫院志工、靜思語教學成果展、刊物發行、海外人文交流、社區教育、營隊活動等，但我在校園可不能一股腦全用。

先回到上人對教聯會老師寄予深切期許，是：「對國家未來主人翁的養成，猶如培植一株株枝葉繁茂的菩提樹，要用心澆灌、悉心照顧，使之成長茁壯，以庇蔭人生的熾熱。」

我想，如何用學校老師聽得懂的語言來告訴他們。想了很久，決定先從加強推動校園環保做起。一段時間後，試水溫，舉辦座談會。一位老師分享：

我班同學以寶特瓶或紙箱，製作道具，以親身經歷小故事演繹靜思語，獲得家長極大好評。隨著各種不同音樂、歌謠、廣告流行曲，搭配小遊戲，角色扮演，整個活動過程流暢性大，變通性高，可有效提高孩子組織能力。

老師回饋的，比我一開始講的還多。確實，我發現環保概念影響之速，養成之易，感染力之強，學生在學校學，回家馬上「教育」家長，很受用，接受度極高。

這位老師說：「是家長。家長做的比我一開始講的還多。我開始使用靜思語教學，家長打電話問我，靜思語教學目的何在？作家長的應如何與老師配合？我告訴家長：只要在靜思語本子寫一、二句鼓勵的話就可以了。但孩子交回來的本子，家長卻像作文般，寫了好長一篇心得。」

愛的漣漪，必將擴散。我忍不住想：五十六年前跟隨上人的三十位家庭主婦，每天存五角，最後擴展成今日的慈濟世界。有時候，我們分享一個善念，其日後效應，遠非我們當初能想像。

推動一段時間後，老師反應熱烈，精心設計出寓教於樂的「靜思語教學」課程，或搭配故事、或將圖畫融入教學中，對學生人格及品德教育產生很大影響，更進而正面影響學生家長。家長也給我回饋，這種慧心獨創的新教材與教學法，啟發了孩子們的愛心。

我信心大增，決心更積極引用慈濟世界感人故事來引導學生向善，端正社會風氣。

我發願追隨上人

除了積極推動靜思語教學，我利用寒暑假參加教聯會志工隊，有三個人影響我最大、最快，使我後來在心得分享時，發願追隨上人。

第一位是資深委員百合師姊。我來醫院當志工是她帶我，這次我遇到的個案，一位五十多歲的中年男子住院，但他不跟任何人說話，也不接受治療，三餐更是不吃。兒子從臺北來看他，我們勸兒子：「你都這麼有孝心，特地從臺北來了，可以考慮把爸爸接回臺北。」

兒子拒絕，態度強硬。

我立刻想到我媽媽。那時她拒絕接受治療，我以放棄當老師相脅，她才願意聽我勸。

原來這對父子有心結，而且情況非常複雜。因為我那時當一梯志工只有三天，教聯會太多老師在排隊等著當志工，我只好先回臺北。後來得知，是百合師姊解開兒子心結。慈濟委員在醫院當志工，撫慰受傷心靈，醫師治身，志工療心。

我們學教育的，知道的理論不算少，經驗累積也很豐富，但遇到難教導的學生，有沒有辦法像這些資深委員一樣，一針見血，直指內心，化愁解怨？這些志工用的不是心理諮商理論，不是精神分析學派，用的就是上人的法，加上自身超過五十年的豐富人生經歷。他們把上人的法讀通了，消化了，融入了，所以往往能解難解之結。

另一位影響我的是閻雲醫師。他在演講中分享一個個案，讓身為教育工作者的我特別有感。

有一次，一位患血癌的囚犯被送來醫院，診斷結果，需做骨髓移植。雖然他是流氓，但基於人道立場，仍須治療。於是閻醫師去國家骨髓庫裏配對，居然配對到了。

因為他過去作惡多端，閻醫師團隊治療意願不高。所以當配對符合的人知道病患身分時，團隊補充說：「你可以拒絕，完全無需勉強自己。」非常令人驚訝，這位符合條件者說：「我願意。哪怕是即將槍決的死刑犯，只要他活著的一天，如果我的骨髓可以救他一命，我願意救。」閻醫師團隊只好進行骨髓移植。

囚犯移植後恢復極好，當他知道捐髓者清楚他是犯人還願意捐髓，非常感動。幡然悔悟，奮發圖強，考上護校。畢業後，申請來閻醫師的醫院當骨髓移植男護理師。現在他已於醫院工作多年，向病患解釋骨髓移植衛教問題。由於他親身經歷，現身說法，效果特好。

閻醫師提及，骨髓捐贈在其他國家都是由國家在做，而臺灣卻是以民間慈善團體在承擔，這讓已經離開臺灣二十幾年的他印象深刻，更覺得上人真的很了不起。

最後是何國慶師兄，《證嚴法師靜思語》出版的重要推手。當時他在靜思精舍看見許多慈濟結緣書籍，內容多為上人開示文稿直接謄錄，他想：「上人法語字字珠璣，如果能精要整理，對外出版，一定大受歡迎，同時也把慈濟向外推廣。」

於是他邀請文化界好友高信疆協助編務，沒多久《證嚴法師靜思語》就順利付梓。一九八九年慈濟護專創校開學典禮，何國慶出資印刷兩萬本與各界來賓結緣，立即廣為流傳、大獲好評，他隨即再加印兩萬本。

這種大手筆、大氣魄、把握時機，一舉宣傳，很令我震撼。我就自問：學校有二千五百位學生，每個家庭算四位成員好了，那是一萬人。我是校長，如果我推動善的力量，擴大愛的漣漪，這些人再擴一圈出去，一個家庭再影響一個家庭，那也有兩萬人了，這是多有意義的工作！

從錦和國小到花蓮

北區靜思語教學成果展

一九九六年四月，我建議連麗香師姊：靜思語教學成果可至全省做巡迴展。經她協調，使「北區靜思語教學成果展」在錦和國小舉辦，共有北區八十八所學校、一百八十多位老師參加。

開幕當天，邀請慈濟基金會副總執行長王端正剪綵。他溫文儒雅，勁氣內斂，給我留下很深刻的印象；我當時初發心，一團火，衝衝衝，大概也給他一點印象。只是我們兩人都沒料到，彼此的慈濟緣很深：十年後我從慈小退休，轉任慈濟教育志業發展處，為了泰國清邁慈濟學校相關事宜，隨他去了泰國好幾次。

王副總致辭時表示：「靜思語教學就是將上人慈、悲、喜、捨的理念落實在教育上，作為師生及家長溝通的橋梁。」隨後，在我陪同下，王副總饒有興趣地一一檢視學生以靜思語創作的作品，頻頻讚歎地說：「學生是如此的用心，我們大人都要感到慚愧了。」

一週後，上人來到錦和國小參觀靜思語教學成果展，首先翻閱國小學生的靜思語作文及書法，感恩老師們教導有方。

展覽場一角放著一個紙箱子，中間挖空貼上透光的白紙，四、五位學童現場表演皮影戲。演出的是小動物，表現的是靜思語。上人津津有味地觀賞，表演結束後，上人分送巧克力，嘉勉他們的用心。

皮影戲紙箱旁，還有一個用厚紙板製成的船形箱子，裏面放著許多用牛奶紙盒做成的小船，取「航向四方，胸懷全球」之意，上面各寫著一句靜思語。這是老師運用巧思，將環保觀念與靜思語教學結合在一起。

上人每走到一處，皆有展出單位的學校老師解說教學成果。有位老師告訴上人：「改學生作業時，反而覺得學生是我們的老師，因為他們對靜思語的體會比我們更深刻。」

另一位老師愉悅地說：「教書二十四年，自覺又有新領會！上人的靜思語及慈濟的感人故事太多了，心領神會，會意之後，更要言傳。」

上人在會場內繞行參觀將近兩個小時，滿心歡喜地讚歎：「假如每位老師都這麼用心，我們下一代就有希望了！」

教師熱烈回響「靜思語教學研習會」

「北區靜思語教學成果展」回響熱烈，讓我很是振奮。打鐵趁熱，決心舉辦「靜思語教學研習會」。

來錦和國小當校長之前，我已經在鼻頭國小、山佳國小、青潭國小各當過四年校長。有十二年校長經歷，當然要從之前的豐沛資源推動起。於是廣發電子郵件，首先舉校外實例：靜思語教學成果展自年初北區首辦以來，引起廣大回響。隨著社會變遷，校園問題逐漸浮現檯面。靜思語教學，確實為老師與家長打開另一扇教學之窗。

其次，我引用本校老師分享：孩子的心特別柔軟清淨，在接受靜思語教學洗禮後，不僅改變了自己，也常帶給家庭意想不到的驚喜。目前校內已有十幾位老師實施靜思語教學，有些家長甚至指名要孩子就讀實施靜思語教學的班級，由此可知受肯定的程度。

最後我提及：靜思語教學的內容完全不涉及宗教，極受教師推崇，所以取得了縣政府核發研習時數。

策略成功，有一百多位老師報名。我特別邀請博愛國小吳秀英老師跨校助陣，擔任講師。她常常以電視上流行的句子來開啟輕鬆的學習氣氛，三十年教學功力，本已非同小可，融合靜思語教學，更是如虎添翼，風靡全場，也接引了更多教師加入教聯會。

這次主題，以「靜思語五段式教學」為重點：

一、體驗：以具真實感的情境，引導孩子從親身感受中，體悟靜思語的意義。

二、故事：分享相關的故事吸引孩子傾聽，達到「小故事，大啟示」。

三、省思：請孩子就故事裏值得探討的問題，自由討論、分享，培養正確價值觀。

四、靜思：聽別人分享心得，孩子可以連結自己過往經驗，進一步將價值觀念內化。

五、實踐：師生共同討論出合適的方法，鼓勵孩子將靜思語落實生活中。

吳秀英老師也強調，老師們可以別出心裁，自編教材，自行創新。但必須從自己做起，才能用愛啟發學生心靈。否則光有教材，可能很難感動學生。

我最常分享的就是我校的故事。某日，家長對老師說：「老師，你教孩子，連我都教了！」老師問其所以，原來是她某日和先生吵架，互不相讓，結果孩子告訴爸爸：「爸爸，你跟媽媽講話要輕聲細語，聲色柔和。」轉頭又對媽媽說：「媽媽，得理要饒人。」於是兩人就吵不起來了。她很好奇地問孩子：「這是哪學來的？」孩子說：「那是學校老師教的『靜思語』。」

特別值得一提的是，一些師院學生在參觀過成果展後，躍躍欲試，似乎在所受傳統教育訓練外，看到新天地。而這新天地卻絕非刻意標新立異，只是啟發、回歸人性原點：善念。

看到未來教師生力軍如此認同，只有讓我更加快腳步，努力推動。

面對批評與誤解，如果他願意聽，還是要說明

前面提到的「北區靜思語教學成果展」，其實還有一段小插曲。一九九六年慈濟三十週年慶時，臺北分會舉辦了靜思語教學成果展，回響熱烈。我就主動建議，希望能夠在臺北各區舉辦巡迴展，第一站選定的是永和。後來的巡迴展辦得很成功，但是當初原本以為可以順利開展，行前突然接到當局以「不方便」為由取消了展出計畫。

原來，那一年發生學生集體出家事件，教育部因此公告宗教不能進入校園，讓具有宗教背景的慈濟也遭受波及。因為慈濟是佛教團體，走入校園，常被誤認為是要傳教。

但是，靜思語教學並不是在傳教。在校園分享的靜思語，最大目的是勸人「行善、行孝」。試問，世上有誰不希望自己的孩子孝順？不希望自己的孩子做好人？「宗教不要進入校園」、「教靜思語等於在傳教」，我覺得一位小學老師不能辨別這些批評嗎？老師都已經受過高等教育，怎麼會不能辨別呢？應該是輕而易舉吧。只是看他願不願意接受靜思語教學而已。

這些「雜音」，從未少過；無明攻擊，無法阻斷。我還未加入慈濟前，已有耳聞，這次身歷其中，感受特深。尤其今日社群網站、通訊軟體如此發達，人人幾乎都有手機，使訊息傳播快速、方便千萬倍，「傷害力」也相對提升。

很多人問我如何面對？個人覺得可以從兩個層面來思考：首先，如果他願意聽，還是要解釋。因為他一直在那邊傳，真的很不好。至於解釋之後他會不會接受，不再繼續傳達錯誤資訊，不受誤導，那是看個人因緣；但至少，經過詳細說明，在他心中已種下一顆善的種子。

其次，他們本來可以用社群網站，做更有意義的事，散播更多正能量，傳達更多關於美好人性的溫馨事件，卻被誤導而無法正確選擇，殊為可惜，足堪自惕。我們更該慶幸自己已經在正確的菩薩道上，更當精進不已。

我聽過一位師兄說自己「幡然悔悟」的故事。原來他之前只要聽人批評慈濟，自己必定加油添醋，別人說一句，他補充十句。後來深入了解，比慈濟人更投入。他引用的是上人說《法華經》的〈五百弟子受記品〉，著名的「繫珠之喻」。個人也認為很受用，特轉錄於此：

有個酒醉的人到好友家，睡著了。好友有事要先走，看到他這樣的落魄，趕緊把價值連城的寶珠放在他身上，就離開了。等到這個醉人清醒，他也離開了，不知自己身懷寶珠。就這樣顛沛過活。後來又再次遇到這位好友，就提醒他：「我過去已經給你的寶珠，價值連城，可以讓你一輩子很富有，衣食無缺。」

人人心中有寶珠，只是尚未自覺。批評者如蒙塵之鏡，鏡子擦一擦，還是可以用。對於批評者，應作如是觀。

退休，是為了走更遠的路、做更多的事

一九九七年四月的一個下午，我接到慈濟基金會副總執行長林碧玉的電話，她邀請我到花蓮籌辦慈濟小學。

有點意外，但沒有考慮太多，我答應了。

我答應了，因為熱愛教育、敬愛上人、想要發揚慈濟教育理念。我還年輕，還可以做一些事，還可以衝，也應該衝。

不過，退休無法馬上生效，有一些細節要考慮。最主要是因為公立學校如果要退休，牽涉到退休金的預算編列，依規定要在一月提出。而一個學年的結束是

七月，如果我今年申請，明年才能正式退休去花蓮籌辦慈小。我等不及，也不想等，這不是普通校長能擁有的機會，我一定要立刻把握。

於是我決定，試試看，不行再說。上了簽呈，靜候佳音。

沒多久接到教育局的局長來電，他是我之前的老師，當然很關心，問我：「怎麼忽然要退休，沒事吧？」頓了一頓，又說，「你過去都沒有出過什麼問題，我記得你校長也當滿多年了不是？」

「是，當了十七年校長。」我一向低調，也沒說是要去慈濟。

「十七年！有那麼久？時間過得太快了，太快了！呵呵。」電話那頭，老師又說，「這邊事情一直都很多，沒有特別照顧你。」

我笑說，「老師太客氣了，不用啊，沒事就是照顧，對不對？本來就是這樣，沒事，平安就是最好的照顧啊。現在我就是要退休，想趕快辦好。」

「怎麼突然這麼急？」老師聲音轉嚴肅。

我只好說了，是要去慈濟。老師說，「你要去慈濟啊，可以啊，所以你這邊一定要先退休，退了才能去。」「是的。但我知道時間點不符規定，事先沒有申請，請老師跟縣長美言幾句。」

老師最後笑說，「放心吧，我一定幫你。去慈濟？那是好事嘛。」

當時我在教育界服務年資已超過四十年，現階段校長任期還有三年才滿，忽然申請退休，自然引來關注。後來接到通知，時任臺北縣的縣長尤清希望跟我當面聊一聊。

進了縣長辦公室，他說好好的為什麼要退休，我說要去慈濟。他說要去慈濟喔，那是好事啊。

每個長官聽說我要退休去慈濟，接下來一定說「那是好事嘛」。我已經盡力，該跑的流程也跑了，只能先回去。

沒多久就核准了。學校主任和教師都滿訝異的。我其實不會大肆宣揚，因為還沒成定局。但現在大勢已定，我默默接受眾人祝福。八月一日交接，四日我就到花蓮報到，準備迎接新任務、新挑戰。

退休的時候，家長會送給我一點禮物，這些心意我都收下了。同時把禮物一個一個查出現金多少，捐了等同的現金給家長會。因為他們送我的禮物，也是用家長會的公款。退休禮物是一般公立學校都有，我不便謝絕。不能退也沒關係，禮物照收，但我堅持回捐一筆錢給家長會，理應如此，心安理得。

可是，在我心中，總覺得對學校有一絲歉意。當初是準備做到校長任期結束，所以還有三年，結果我沒有做完就離開。於是，之後每年錦和國小的學生畢業典禮時，我都為畢業班提供一份禮物，額度是五千元左右，由畢業班導師決定獎勵對象。買什麼禮物、決定給誰、獎項為何，是最佳進步獎、全勤獎、第一名都可以。從我離開錦和國小，已持續二十多年，直到二〇二〇年承辦人退休，我因為疫情不便接觸新任承辦人，才暫停我的心意，但以後還會持續。

辦學時遇到問題藉事練心

在山環水抱的慈濟小學，期待成為一個教孩子「認識自己，關心別人」的地方。

一定要到國外留學才有前途嗎

參訪日本幾所佛教小學的心得

一九九七年八月四日，我前往位於慈濟大學內的「慈濟小學籌備辦公室」上任，一張桌子，一部電腦，林副總指派她的祕書石美齡與我一起工作。我素知「強將手下無弱兵」的道理，有她協助，精神一振，就這樣開始籌辦慈小。

次年，與許常吉建築師、范德鑫教授、劉佑星教授、陳乃裕師兄、林英真師姊、杜張瑤珍（杜詩綿院長夫人）、謝富美師姊、郭佩筠老師、曾漢榮教授參訪日本緒川小學、玉川學園（幼兒園、小學、中學、大學）、法明中學、淺草幼兒園，都是歷史悠久、宗教辦學績優的學校，盼能吸收經驗。有幾件事留下非常深刻的印象：

第一，開放教育

學習的場所不再僅限於教室，學校每個角落都是學習的地方，打破班級之間的隔閡，結合數個班協同完成某些活動。

第二，學校社區化，社區學校化

邀請社區長者利用學校社團時間為學生上課，充分顯示對社區長者智慧與經驗的尊重。這些長者身懷一技之長，或是在某些領域上有豐富的經驗，成為學生學習的對象。以日本傳統的插花及茶道課程來說，長者都著正式和服，盛裝出席，顯示對這堂課的重視。這樣的方式不僅充分使用銀髮資源，也讓學校與社區連結更緊密。

第三，學校教育與家庭教育互相結合、彼此延伸

美勞課除了做一般繪畫剪貼，也要學做家事，從沖泡飲品到縫釦子等，學會

不需要事事勞煩父母。此外，還有禮儀教室學習待客之道，甚至防身術等應變能力，相當實用。

第四，注意學童安全

在廁所地板，鋪了很厚、質料很好的吸水毯，防止學童滑倒，發生意外。在臺灣，連五星級飯店廁所也很少見這樣防滑措施。覺得他們對生活細節真是周到與用心。

第五，鼓勵家長當志工

淺草一所幼兒園很熱門，學生入學前，校方問家長，一個禮拜可以來幾個小時當志工？如果家長不能來，孩子無法入學。

我問校方，無法當志工的家長多嗎？校方說「沒有！」每位學童家長都願意來。他們用意有二：首先是要家長奉獻。日本本來就是一個志工風氣很盛國家，國民樂於此，已是一種生活習慣。其次是希望家長了解孩子在學校是怎麼樣的生活？不光是了解，要配合校方。除此之外，假日校方也帶學童到養老院或育幼院服務。

我覺得這是很好的一個做法，但在臺灣有點難實行。兩個原因：有些家長是真的沒辦法來，但又很想讓孩子讀這所學校，他就會想一些「非正規」的方法，這其實是很不好的錯誤示範；另外，如果家長進入校園，孩子會分心，且容易產生依賴性。

第六，徹底落實生活教育

他們中午打飯、帽子、口罩、小廚師服，穿戴全套，非常講究。

回到花蓮，我心中對慈小的設校理念漸漸形成想法，「以人為本」是主軸，有幾點規畫：

第一，落實生活教育

日本小學的生活教育相當重視如何讓學生從做中學、學中做，特別是生活能力的培養。這樣的觀念讓我省思到：二十一世紀的孩子究竟該具備怎樣的能力？

我想培養慈小孩子的能力，但不是什麼都替孩子做好。還要尊重個別差異性，也就是針對天資與後天努力的程度不同，來分成不同組別授課。

第二，善用社區資源

日本小學茶道課是屬於簡化後的課程，跟我們的茶道比較不一樣，我們的比較細膩而踏實。他們比較「通俗」、「隨興」。他們花道課是社區的媽媽來教，我問要不要證照，校方說不用，因為小朋友很小，每個人都可以學。所以只要社區媽媽有空就來，學校有需要，社區就配合協助教學。雖是「簡單版」的小學課程，授課者還是穿和服。日本茶道、花道具悠久歷史，自有一套嚴謹程序。

「學校社區化，社區學校化」也是慈濟小學的重要走向，我計畫參考日本做法，延請社區長者傳授專業知識或智慧經驗，期待建立「社區學園」，提供終生學習環境。結合社區，這也是促使學童在日常生活中印證所學、為基礎教育札根的有效方法。

第三，強調回饋理念

除了參訪日本，我也參觀過廈門的集美學村。創辦人陳嘉庚回饋鄉里，嘉惠學子，實為典範。這種精神在道德教育上就是一個很好的題材，值得未來教學參考，長養學童感恩心。

第四，重視培養基本能力

我希望慈小學生畢業後，各種基本能力都已培養得很扎實，而不是只會唸書而已。還記得在日本參訪法明中學時，當天正好有一場音樂會，會中雖有學生打瞌睡，卻沒有人說話。尊重他人是人本教育的原點，由此出發，培養學生各種能力，讓孩子去發掘自己的興趣，為將來做好準備。

第五，情境教學

別看小孩體型很小，他們活動力超旺，動作可以很大。為了讓孩童有足夠的空間可以盡情伸展，我想創造出一個寓教於樂的求學環境，也因此「情境教學」未來將成為慈小的重點。

第六，重視學生「做中學」的體會

未來慈小不會是傳統「老師說，學生聽」的方式，而是重視學生「做中學」的體會，就如同上人常說的：「做就對了！」從實做裏不斷修正自己的做事方法，精益求精。

第七，多元社團活動

我希望慈小未來有很多社團。老師、父母引導孩子，提供機會，卻不替他們規畫生涯。藉由參與多元社團活動，發現自己的興趣與潛能，作為選擇將來人生方向的參考。

「抓緊時代脈動，結合慈濟精神。」這是我針對慈小教學內容，所訂立的方向。參加教聯會志工隊時，曾聽上人說過一句讓我很震撼的話：「一定要到國外留學才有前途嗎？」我就把這句話放在《慈濟大學附設國民小學設校計畫書》的扉頁。

設計校徽，內蘊慈濟教育理念

有了中心理念，我請施清暉師兄和林英真師姊開始設計慈小的校徽。英真師姊是在教聯會認識的資深師姊，她熱心教育，許多師姊如有圖檔設計需求，她都予以完全協助。她的同修清暉師兄也是學設計的，賢伉儷佳作不斷，創作源源不絕，傳為佳話。

上人喜歡竹，因為竹代表德，竹節是守戒；竹子一直往上生長，代表精進；竹子彎而不折，代表軟實力；竹葉柔軟，代表慈悲。

設計以竹子發想，「竹」與臺語的「德」同音，是期待慈小的學生都能擁有謙虛的好品德，希望老師們能用言教、身教培養出品學兼優的孩子。八瓣蓮花代表八正道；蓮蓬是蓮花果實，代表花果並生，也象徵教育工作者時時下種開花，日日花開見果；白色四瓣是校訓「慈悲喜捨」。

校徽中間的竹節，係當時精舍大殿（小靜思）前有兩盆葫蘆竹，取其形，設計校徽，象徵傳承靜思法脈，具有特別意義。中間竹節也代表頂天立地，理事圓融，虛心精進，正直節度。應對進退，有志節的正人君子。竹形如「小」字，代表小學。三片竹葉代表親、師、生，亦代表家庭、學校、社會教育結為一體。

籌備期間除了海外參訪，一九九八年三月八日，我邀請臺北縣及花蓮縣十多位有建校經驗的校長，到精舍參加兩天一夜的活動，參觀慈濟各志業體，分享建校規畫及落實生活教育、提升道德品質的經驗。

其中許多校長都是過去在北縣校長會議上，多次指導、批評、鼓勵過我的好夥伴。他們的智慧、對解決問題的切入點，學識與涵養，都是我所敬佩的。其中有：花蓮慈濟醫院對面的明廉國小王可非校長、臺北縣自強國小賴萬年校長、江翠國小林秀地校長。特別值得一提的是身為虔誠基督徒的莒光國小校長鄭瑞容，我邀請他跟我一起做早課，原以為他會婉拒，沒想到他全程參與，滿心歡喜。

參訪後與上人座談，上人感恩校長們提供寶貴意見，並期待大家共同提升教育品質，未來繼續對慈濟教育志業多多指導。

我聽完上人的結論，忽然心念一動：接下來該設計制服了。

穿出氣質的制服，顯出氣質的餐盤

制服，首先讓人認清自我定位，繼之明瞭身分之重要性，終而竭盡所能，扮演好自己的角色。之前我就聽過慈濟大學的學生說，即便沒有穿制服外出，一舉一動也會謹言慎行，重視學校形象。

慈小制服的首要考量是耐穿。小學生活動力特強，布料一定要快乾好洗，質地一定要堅韌。當時我特地去臺南幾家大工廠挑的，因為臺南的紡織工業極富盛名。而且第一年慈小學生會以志業體員工子女為主，志業體員工平日就是穿制服，所以對孩子制服的細節也很講究。

男生是穿七分褲，可以休閒，可以運動。如果長褲，活動不便。搭配高筒襪，冬天有防寒之效。

夏天是短襪，冬天是長襪，而且冬天的襪子就比較厚一點。兩邊都有校徽，如果一雙做兩側，很可能看到學生穿來時兩個左側或兩個右側。所以兩側都有，如果他匆忙之際也不會穿錯，這些細節都必須考慮進去。

女生在小學階段生長速度比男生快，如果裙子長度不夠，很快就到膝蓋了。所以女生的裙子是百褶長裙，除了兼顧透氣、吸汗，也有良好的垂感和定型性，視覺上不會看起來蓬蓬的。很端莊，氣質不一樣。而且免熨燙，洗滌方便。

冬天的時候，因為東北季風從海那邊來，風很大，夾帶大量水氣，又濕又冷。外套內裏是很厚的羊毛，外面也是不起毛球的毛料。纖維柔軟，保暖效果極佳。制服先後找了很多廠商，設計多套但都不甚理想，後來蔡美蓮師姊協助找到專做團體制服的廠商，多次溝通終於定案。

帽子我們設計兩種顏色，藍色和白色。小學生常有運動比賽，所以帽子裏面是白色，外面藍色。如果重新組隊，帽子一翻就很清楚。運動鞋和皮鞋都沒有鞋帶，用魔鬼粘，一貼就好，省時省力。

書包的設計是雙肩背的，因為這樣才會挺胸，如果是一般單側帶子的背包，就怕長久下來如果帶很多書，加上姿勢不良，有可能造成運動傷害。

我花在餐盤的時間不比制服少。不想給孩子拿軍隊用的那種又重又大的不鏽鋼餐盤，我找了好久，和擅長廚務的師姊，兵分多路，廣為搜尋。好不容易找到與心中理想最接近的樣式。唯一美中不足是上面有花紋，我擔心加熱後影響學生健康，於是委託開餐廳的林進成師兄，特地幫我找到原廠商，設計成純白色，配合慈濟環保碗，可成為一套餐具。輕便好拿，高耐熱，可煮沸，方便殺菌與消毒。

餐盤橫隔成上下兩半，上半部再分二格，裝菜用的。下半部可放兩個碗，一個裝飯，一個盛湯。師生都很滿意。價錢和不鏽鋼餐盤差不多，多花一些心思，效果完全不同。

後來一位轉學出去的學生跟我分享，他到的新學校，用一個便當盒，先裝飯，三樣菜全混在一起，疊在飯上面。他用湯匙挖下面的飯，菜跟飯每餐都有不少掉到桌面上。他覺得還要多花時間清理，用餐行儀也不好看，更浪費了食物。最後這位學生說，慈小的規矩和訓練，可能要多年後才會感受到「效應」；或是，要在離開慈小之後。

我則是簡單認為：如果站在使用者角度，多想一點，也許就會帶來意想不到的正面效果。餐盤雖小，可以喻大。

十年樹木，百年樹人，千年校園

建築是「無聲的說法」

慈濟小學將特別重視生活教育，以培養五育均衡、身心健全的孩子，其中又以品德最重要。我以這個原則在紙上畫出草稿，再交給建築師。

校區由美國著名的 SOM 公司負責，建築師說：「他是用設計給自己孩子使用的心情，來完成的。」景觀部分由國際知名的景觀設計師 M. Paul Friedberg 規畫，並將四周環境與社區居民需要納入全盤考慮，以實踐「綠色建築」疼惜地球的理念，創造出結合學校、社區及自然生態於一體的教育示範園區。

九二一地震後，上人覺得：「有兩種建築物一定要很堅固，一種是醫院，因為發生大災難時，醫院是救人的中心；另外一種就是學校，是避難中心。醫院救人，學校避難，這兩種建築物一定要非常牢固。」

因此，慈濟援建的五十一所學校與興建中的慈濟小學建築都以SRC為主。即鋼骨、鋼筋、水泥三位一體，是現代建築防震係數最強之技術，百年、千年都不會倒。

人字形屋頂是慈濟建築識別度最高的特色之一，搭配建築物本體，組合成為一個「合」字，也代表彼此合和的意義，顯現設計美學。灰白色的洗石子外牆，色調素淨，沉穩古樸。

迴廊的設計是外圓內方，就像是人要圓融，內心要方正。慈濟的建築，從守護生命的磐石、分分秒秒發揮救命良能的醫院，到注重學子生活品德的提升，成就身心健全完整人格的學校；從多功能展覽與辦公用途、精進研習，增長慧命的各地靜思堂，到全球各地因救災或濟貧而興建的大愛屋，都可以見到這樣的組合：方和圓。

「規」是畫圓的工具，「矩」是畫方的工具，《孟子》這本古書上就說，技術再好的工匠大師，不按著、不憑藉「規」和「矩」，是畫不成方和圓的。「無規矩不成方圓」，就是這個意思。

籌備期間，相關人員不斷地參觀臺灣知名綠建築及各國民中小學，從教學執行、課程設計、建築架構、景觀規畫等各方面去研擬計畫，集思廣益，結合環保、科技與慈濟人文，以期營造出一個有品質、有生命、有慈濟精神的教育園地。

尊重自然的綠建築

節能要跟生活教育結合。校園綠建築以採光、通風、溫度、溼度等自然資源，有效結合環保及資源回收再生利用，減輕地球負擔。慈小開發計畫，因致力於環境保護措施，榮獲二〇〇二年度環保署「開發行為實施環境影響評估績優獎」。

學校的水分成：一、汙水（中水）；二、地下水；三、自來水。在行政中心有水資源分布圖和解說，方便同學了解。舉例而言，洗手臺使用過的水，稱為中水，會由管線引導至汙水處理廠，進行處理，再回收使用（例：沖洗馬桶），用最少資源創造最大效益。這些水池平時是景觀休閒、生態教學的好所在；下大雨，又可作為儲水池防洪。水資源的利用可以讓學生了解資源的可貴，養成愛惜物命，珍惜現有的習慣。

學校每個角落我都很喜歡，因為每個地方都有不同的美。例如：蝴蝶步道和感恩亭是父母每天接送孩子上放學的地方，之所以取名感恩亭，是為了感謝父母的辛勞。音樂館是扇形屋頂，設備良好，加強隔音，避免花蓮空軍基地戰機起落巨響干擾，設想周到。我期待每位學生都能至少學一樣樂器，在樂團中陶冶性情，學習自己在團體中的定位和責任。

最好的生態教育

在規畫慈濟小學課程中，我安排當地耆宿，教孩子們植物栽種；此外，特別感謝臺大園藝系陳瑞源教授，協助校園植栽規畫。

我們先調查慈小校地生長良好的植物，取其種子或將其分株繁殖後，再植於校園；最後，選擇適合該基地生長的正確植物加以搭配。避免選擇進口植物，是因為對其本身來說，「適應過程」是一種傷害；同時，對本土植物而言也是某種程度的威脅。

所以在種植物時，都會選擇原生種。光臘樹用來培育獨角仙，是小朋友的最愛；臺灣欒樹是九月到十一月開花，顏色經過三種變化：黃↓紅↓綠；鳳凰樹在五、六月開花，樹枝分岔，高度不高，可供孩子爬樹。健康中心往慈中的方向種橄欖樹，綠橄欖收集之後可用來義賣。實習農場種酪梨，另外還有苦楝樹和雀榕，這都是能誘鳥的樹。但鳥叫聲太頻繁響亮，而且落葉多，所以不能種在教學區，我們把它種在小山坡上。教學區裏種銀杏，因為只需要半日曬就可以生長了；還有菩提樹，種在歡樂廣場兩旁，因為根很淺，所以不用擔心會破壞連鎖磚。

簡主任特別企畫一個活動：「親親校園」。活動中學生主動認養校園植物，幫植物澆水，記錄生長，如何開第一朵花，認識它，親近它。

很多學生都認養樹，這棵樹陪伴學生在校生活，傾聽訴說，是認養者個人的樹。不管多久，學生會因為這棵樹，和學校連結下去。三十年後，帶孩子重返慈小，說說樹的故事，說說當年父母在慈小的故事。六十年後，帶孫子重返慈小，說說祖父母當年在慈小的故事。因為樹，連結永遠不斷，與親人，與土地；關於傳承，關於愛。

慈濟教育的新里程碑

我初到花蓮時，有時中午基金會秘書處法務同仁蔣駿會陪我用餐，提供設校相關法規及法律文件諮詢，這是我完全不熟的法務層面，非常感恩他。

當時正值教改，花蓮縣教育局之前無私立大學附屬實驗小學設校經驗，將設校資料轉呈教育部；教育部認為小學設校權責應屬花蓮縣教育局，又將公文轉回。我在錦和國小的同事簡聰成主任此時再度成為我同事，我請他帶著公文北上，親自拜訪相關承辦人員，才解決此一問題。期間，最感謝的是教育部國教署邱乾國科員，對於設校相關法規及進度詢問請教，專業又親切耐心的說明。

從申請立案、擬學校各種組織規章辦法、課程規畫、財務會計制度、教師甄選預聘、教師培訓、教學設備圖書採購、申請校舍使用執照、消防檢查、核定班級，直到終於准予立案，得以公告招生。

同事美齡勤讀相關法規，訂閱省政府公報、教育部公報及行政院公報等掌握最新法規資訊。不同設校階段，申請籌設、會勘，找好相關法規條文傳真給承辦人員，縮短公文流程。展現極度細心與高效率工作品質，我到今天依然深深感謝她的協助。

一九九八年九月教育部同意籌設慈小後，年底基金會營建處開始申辦中小學校地的都市計畫變更，隔年五月內政部第一階段同意可以進行都市計畫個案變更。其後包括環評的啟動、水土保持的規畫、國道花東高速公路路廊經過校園，我們必須承諾路廊不建設，以備將來道路徵收。最後，於二〇〇〇年五月，完成校地的都市計畫變更，以及環評等相關程序。

這次的變更範圍超過二十四公頃，是慈濟建設史上最大一筆單次土地變更，將閒置農地以及舊軍隊營房，變更為教學用的文教區、供民眾通行的道路。慈濟中小學間六公尺巷道，也依花蓮市公所要求，擴為十二公尺寬的視覺景觀道路。

非常感恩在花蓮縣政府教育局、環保局、建設局都市計畫課、人事科大力支持下，整個變更時程僅僅一年多的時間，就完成所有的國有地、舊營房與自有農地的變更與申購、水土保持、環評、都市計畫變更、都市計畫樁位的釘定等繁雜程序，且政府同意免捐地、免捐代金等等土地變更回饋的要求。這些紙上作業非常細瑣，繁雜，需要很多時間，高度耐心，逐件檢閱每案衍伸的相關問題，所有周邊資料都要備便，一一回覆公文。但更困難的事是在辦公室外。

許多小學校長擔心慈小招生會影響學校生源，附加條件，態度堅決；此外，附近社區民眾不願施工影響社區環境、交通及治安，打算禁止工程車進出社區。

針對這些疑慮，慈濟基金會特舉辦社區座談，邀請花蓮市市長、市民代表、碧雲莊社區代表、鄰近太昌國小、景美國小及國福國小校長參與。林碧玉副總、陳紹明副總、慈濟護專張芙美校長、曾漢榮校長及基金會營建處團隊出席，化解大眾疑慮。

我們溝通的主軸只有一個，很誠懇、很明確：希望能跟所有花蓮的學校共享資源，把基礎教育辦好。例如花道教室與茶道教室，歡迎各校前來使用。

回憶過往，感謝基金會營建處林敏朝主任、邱千恭組長，尤其是鍾宜學高專在環評、地目變更過程中的辛勞，非外人能想像。許常吉建築師事務所經理群及設計師們：徐群倫經理、魏敏隆經理、陳學珍經理、楊中一、蔡毓玲、魏甫，各個認真投入，與籌備處維持良好溝通與互動。當設校進度落後，他們提供穩定的力量與慰藉，是籌備期間最重要、最溫暖的夥伴。

再利的鋼刀也要磨

師兄強勢建議：教聯會老師必用

一所學校要辦好，硬體要有好的校舍和設備，更重要的是軟體，也就是要有專業的老師；若能兼具專業和慈濟精神，那就更好了。

當時有一位師兄對慈濟教育非常關心，私底下很積極詢問教聯會有意願至慈小服務的老師，並強勢建議我：慈小的老師一概須以教聯會老師晉用。

我婉拒，堅持一律甄選，兼顧公平、公正、公開。

我很感謝師兄的熱忱，在這麼重要的關鍵事項給我建議。不只這位師兄，有太多熱心人士給我師資聘任上的建議，我都由衷感謝。

我也知道，他很積極幫我找最好的老師。他真的認識很多好老師，而這些老師也非常有心，願意來花蓮服務。

我更不懷疑他推薦來的教聯會老師素質。我自己就是教聯會老師，很清楚他們的專業能力和奉獻精神。

但是，我畢竟是一位有十七年校長資歷的教育工作者，所以對於老師的要求和遴選，會考慮得更周延一些，也更深入一些。

我從擔任老師、主任到校長，深深體會到：教育是活生生的有機體。所以除了嚴格自我要求不斷進修，提升專業，也一直秉持教育規準：

一、合價值性。也就是「善」的規準，針對這一項我一定非常堅持，不會有任何退讓。

二、合認知性。教育不只教，還要告訴老師、學生「為什麼要如此」，這樣做的道理何在。

三、合自願性。無論是對學生或老師，我都不曾以脅迫或強制他們一定要怎麼做。我相信當他們知道為何要如此，會樂意遵守或執行。

姑不論一位「好」老師的定義是什麼，因為那或許是仁者見仁，智者見智。要考核一位合格的小學教師，現行就有詳細的程序和標準。更何況就算他符合，也只是過了最低門檻。

我對慈小老師的期待當然更加深遠、豐厚得多。

靜思語教學很優異，成效很好，家長很認同，學生反應很熱烈，那只是我考慮的諸多條件裏，其中之一而已。還要看他專業科目的授課能力，所以我堅持一定要筆試，考專業科目最能看出基本功是否扎實，那算是最基本的。

還有表達能力。重點在於，能不能用學童聽得懂的話，讓他們吸收。我想，從小到大，我們都遇過這樣的老師：明明學問很好，知識很豐富，也很認真教，但自己就是無法吸收。問題在哪？「表達能力」四個字說明了一切。

此外，我很重視老師在教學上，有沒有新的方法。這要靠自己領會，也要多花時間吸收新知，更要不斷觀摩前輩後學。凡此種種，都要細細考量。

長期服務教育工作的我，非常清楚學校人事必須要有公平、公正、公開的制度。這樣才能甄選到好的老師，以更開放的方式廣納天下優秀老師，這才是學生之福；同時，我亦堅信教聯會的老師必定同意：通過專業甄選的考驗，會有更專業的老師進來，進來後會融入慈濟大家庭。

事實上，後來也證明了很多老師都培訓慈誠和委員，積極又歡喜地參與慈濟活動。例如我在錦和國小的同事簡聰成主任，他要進慈小服務，經過七人面試：林副總、王副總、慈大校長、副校長、兩位教研所教授，還有我。他順利通過，才得以奉獻專才。其後與我參加國際賑災，在冰天雪地裏發放大米。

這位師兄過度熱心，不知不覺已經破壞了人事制度。外面想熱心投入好學校、好教育的老師，打探之下，懷疑慈小是否公開甄選老師是內定的幌子，這對學校辦理教師甄選是極不利的。

我當時領略到：解決問題，靠的不光是智慧，有時還要慈悲。

婉辭籌備慈小工作卻開始隨師

關於慈小教師甄選，除了專業知能，還須有「優質教學」和「師德」。也因此，我一定要做到完全公平，讓人心服口服。這很難，但非常必要，且非常重要。只要有一人不滿，只要有一句雜音，我一定先檢討自己。

因為牽涉到合心。

我始終相信，建構一個能讓團隊成員互愛的環境，那個力道，那個效率，才會慢慢出來。

在公立學校，一切依法規進行。我知道輔導叛逆學生的方法，我對於教學技巧生疏的老師該如何協助了然於心；工作表現不佳的主任或行政人員該怎麼互動，地方難纏的官員要如何應對。

但是慈小是私立小學，我要對董事會負責，節奏如果錯誤的話，那不是帶著大家都走錯路嗎？我怎麼向上人交代？全球慈濟人關注的完全教育，教師甄選是首要也最重要的工作。效率很重要，一開始選進來的老師就要直接上軌道，完全進入狀況。

後來就有一些指責我的聲音出現，坦白說我連何時得罪他們都不知道。我只能告訴自己：調整心態，更小心做事。

更小心做事不是設法不得罪任何人，而是做事更公正。對就是對，錯就是錯，絕無模糊地帶。我過去帶領學校，對主任，對老師，對家長，對學生，一律平等，這個很難做到，談何容易。

過去我在北部任某國小校長時，曾有家長因故要老師修改成績。老師堅持教育專業，恕難從命。家長到校長室威脅我，要開記者會。我深入了解後，確認老師沒有做錯任何事，於是擔起教職同仁的後盾，告訴這位老師：「依法行事。不用擔心，我來處理。」向家長解釋後，家長仍堅持要開記者會。我語重心長告訴家長：「老師計算成績，沒有錯誤，不需更改。學校教育是專業，老師公平、公正評量後打分數，不容家長主觀干預，甚至無理要求修改。解釋這麼詳細，如果你堅持開記者會，那我一定出席，並且堅定站在老師這邊。」

那陣子關於慈小的教師甄選，因為人事的磨難，壓力甚鉅，心情起伏很大。我試著從上人的法，撫平心緒：

如何去除心中的雜草？遇到不好的境界，要警惕自己這是給我們修行的機會，使我們認清自己還有待改進，這就是能善用境界；反之，一遇不好的境界就沉不住氣，覺得受到傷害而鑽牛角尖，或與人爭執、計較，則心中的雜草蔓延開來，好種子就被淹沒了。在日常生活中，我們要能做到任何話到心中都是圓的，而不是尖的；要能夠善解，才可以過得輕安自在。

這段話也是日後我在慈小會議上常常跟同事分享的。「藉境修心」、「藉事練心」的功夫很難。面對任何事務皆要磨出耐心、毅力，否則遇到阻礙就難免氣餒了。所以，逆境其實都是逆增上緣，是修行的善知識。

我也自問：「如果沒人來考你，你怎麼知道目前修到哪裏？」

因為慈小是附屬於慈大，我必須對慈大校長和基金會負責，每天進到籌備辦公室，問題很多。最主要的關鍵「教師甄選」，如果我不能做主，那接下來的事，全部無法進行。

無法進行，我就退出。所幸教師甄選還未完成，這時候離開，接手的人可以把所有的事情都做好。如果我做一半，後面接手就不容易。因為牽涉到複雜的人事安排和後續的相關訓練。我如果找好老師再走，說不定我找的老師不是接任者心中理想人選，他會很困擾。

我是個極不願意造成他人困擾的人。個性上，我更不喜與人爭執，如果對方有好的做事方法把事做對，做好，而且是更快做好，那我就退出，讓更適合這個工作的人來處理。

所以後來我想到一個化解這衝突的方法。只要我能避開就避開。

當初是林副總打電話給我，邀我籌辦慈小。那時也跟她坦承，我沒有很輝煌的歷史，雖然辦過靜思語教學成果展、靜思語教學研習會，但那是因為教聯會老師支持。至於我個人，一直都是默默無聞當老師、主任、校長，不管任何職位，只是盡力而為，從不刻意出風頭。

現在要離開花蓮，我打給她。電話中我只說我要回臺北找資料。她反問要回去多久？

這下我答不出來了，我不能描述困境，也不願指名道姓，又講不出委婉解釋，更不想說謊。

其實我對自己的辦學能力還是很有信心的。我的信心來自幾個方面：第一，我的理念正確無誤。老師們如何落實我的理念到行政與教學？我只有先相信我的老師。相信老師，推動起來才有力量。如果第一批老師都是我甄選進來的，我相信「疑人勿用，用人勿疑」，你相信他，給他舞臺，他會發揮得更好。第二，明辨是非。這點我非常堅持，什麼該做，什麼要避嫌；哪些事要堅持，哪些事放手，尊重老師決定，都要很清楚。第三，品德至上，身教重於一切。我不但嚴以律己，並深信「一個老師犯錯，那是他個人問題；一個校長犯錯，那是全校的災難」。這話聽起來很重，但連對我作風頗有微詞的人都說我只有白開水才能「收買」，就表示我是真正做到問心無愧，對得起每一位家長的託付，對得起每一位學生。

我致電林副總，想婉辭慈小籌備處主任，但幾天後卻接到通知：隨師。

隨師過程的啟發

於是我一邊籌備慈小，一邊隨師。過程有三位師兄師姊分享，讓我對未來慈小教育有新的思考點。

草屯有位年近八十的慈濟委員洪玉哖師姊，兒子是醫師、媳婦是老師，孫子也都讀大學了，是一位很幸福的長者；但她卻不在家裏享福，不僅種菜、賣菜，還做資源回收，將所得全捐助慈濟九二一希望工程。

洪玉哖師姊的兒子分享：「媽媽剛開始做環保的時候，有些人都誤會我不孝。媽媽就說：『兒子啊！你如果有孝，就是要順——順著媽媽的心意，讓媽媽做喜歡的事，這才是孝順。』」

兒子對母親的話向來不敢違拗，就這樣過了幾年，現在街坊鄰居遇見他們母子都說：「謝醫師，你真有福，媽媽的身體那麼好，還能為社會做那麼多事。」如今，兒子不但不會起煩惱心，反而覺得很光榮，並加入慈濟人醫會，有時間還跟著媽媽去做環保。

我們說「重視親子教育」，但好像都著重在小朋友如何和父母相處，或家長怎樣面對叛逆青少年。雖然一九九三年臺灣已邁入高齡化社會（六十五歲以上人口占總人口比率達到百分之七），但是如何與年邁父母相處，在過去好像討論度一直不高。平心而論，這個議題熱絡起來，似乎是二〇一八年臺灣轉為高齡社會（六十五歲以上人口占總人口比率達到百分之十四）以後，談話性節目、書店排行榜，常常可見失智、長照，甚至如何和父母談死亡的討論。

這對醫師母子從誤解到認同的互動讓我當時很震撼，心想慈小家長年紀二、三十歲，往上推，父母也不過五、六十歲，其實身體狀況都還很好。但提前教育家長如何與年老父母相處，似乎也可以列入親子教育的重點。

第二位是陳祈全師兄。他五歲喪父，八歲時母親改嫁，他無法接受繼父，此後經常逃家、逃學，藉此表達對這個家的厭惡。抽菸、吸食強力膠、打架，他故意要傷透母親的心。

國二時，他的週記全是對母親、對繼父、對學校的不滿。老師告訴他：「你既然不喜歡住家裏，那就住我家！」當他住到老師家，才發覺自己「上當」了。每天早上六點一定被叫醒，先溫習半小時課業，然後到公園運動，七點送他到學校；放學後，老師一定準時到教室接他回家，完全不讓他有任何做壞事的機會。

我當時從事教育已超過四十年，看過太多成功感化的案例，同時也認為：如果每個老師一遇到行為偏差學生就接來家裏住，那老師家開民宿都不夠住，而且也冒著法律風險。

所以老師到底該怎麼做？

之前和顏惠美師姊到花蓮監獄，一位受刑人說，「我不怪父母為何不管教我，我只怪我小學老師。為何我一開始行為偏差的時候，不好好教育我如何明辨是非？我真有那麼不受教嗎？為何老師連試都不試，就直接把我放棄？我只好自暴自棄，終於一錯再錯，後悔莫及。」

「加強學校教育和家庭教育的連結。」我如是自我警惕。

最後一位是高雄的蕭亦鳳老師。她的班級經營特色如下：「邀請在各行業任職的家長當客座老師」、「每週訂一個題目，讓孩子回家請爸媽一齊來協助完成。」、「全班都是幹部」、「服務小天使」。

媽媽常常說我是井底蛙，很多事情都不知道，很多世俗都不懂。隨師兩年，深深覺得：知女莫若母。此外，我有三點隨師心得：

一、上人行腳時各領域菁英匯集，正好為慈小找到各種人才，順利完成籌備。如：校歌歌詞由莊奴老師填詞；餐盤請開餐廳的林進成師兄協助；校徽由施清暉師兄和林英真師姊設計；劉秋漂師姊協助學生運動鞋、書包和帽子，她的同修張清朗師兄執行國際賑災，成果斐然。

二、上人關懷弟子，有垂直面和水平面，是立體的。例如這位弟子的父母身體是否安好、子女學業如何、與同組其他師兄師姊在推動志業上有無遭遇困難，凡此種種，一一詢問，細膩周全。此外，上人鼓勵弟子的方式，是給予更多服務機會。我後來在慈小，獎勵很少是實質物品，而是讓學生當圖書館小志工、健康中心小志工等，家長亦認同此一方式。最後，也是最重要的，是上人的毅力，分秒不空過，常可見打點滴亦照常主持會議。

三、優秀和優雅都是教出來的。隨師看到從全球各地回來的師兄師姊，視慈誠威儀則凜然正氣、精神飽滿；觀委員氣質則春風拂面、舒心歡喜。我就想：典範在前，怎麼把慈小孩子教成那樣的內外皆美、智慧與慈悲兼具？

上人說：「再利的鋼刀也要磨。」我將退轉心收起，準備邁開新的下一步。

花蓮慈小開學了

校歌、校護一次到位

我當時構思慈小校歌，認為一定要：一、歌詞簡單好懂，低年級小朋友也可琅琅上口；二、歌詞涵義須概括慈濟教育理念。

隨師時恰好遇見曾創作鄧麗君〈小城故事〉、〈甜蜜蜜〉等三千多首經典歌曲的國寶級音樂大師：作詞家莊奴老師。其作品素以傳達正能量、教化人心聞名。我認為機不可失，立刻上前，向莊老師闡述上人教育理念，請他為慈小校歌填詞。

莊老師才思泉湧，很快就寫成：

小溪尊重山坡，青草關懷花朵
自然界的萬物，大家互助合作

待人要有誠信，做事必須負責
校園勤學服務，希望健康快樂

我們學習行善修德
教人生歌唱幸福，讓世路舞出遼闊

我們恪遵慈悲喜捨
教眾生耕耘友愛，讓社會收穫祥和

「尊重」、「關懷」、「誠信」、「慈悲喜捨」、「社會祥和」都是慈濟教育重點，我很佩服莊奴老師的精準。

隨師時我注意到上人身邊的護理師林貞岑，頭腦靈活，做事俐落。我就想：「如果讓照顧上人的人來照顧小朋友，一定很棒。」於是大膽向上人提出要求，上人一口答應。我喜出望外，後來證明我的決定是對的。

我來慈小之前，從老師當到校長，總共待過九所學校，貞岑老師是我遇過最認真、最負責的校護。

她在朝會的時候衛教主題：「遇到蛇怎麼辦？」因為我們學校草地遼闊，所以她要教學生，遇到毒蛇如何自保，這就是預防的安全教育。

一二三年級她教簡易傷口處理，因為小朋友活動力強，小擦傷是常見，初步傷口處理很重要，避免感染。四五六年級學心肺復甦 CPR，而且還有認證！她請慈濟醫院急診部團隊協助執行。認真到這種地步，非常令人讚歎。

國小學童正值發育期，若有慢性疾病，勢必影響生長發育，例如長期貧血會阻礙兒童智力發展，所以抽血有其必要性。她結合慈院資源，執行新生抽血篩檢。

小朋友總是怕打針，為了鼓勵孩子，她特別商請志工手工趕置「神祕小禮物」，就是可愛小黑人加上靜思語吊飾，每位孩子興高采烈、神采飛揚，拿到後都愛不釋手，相互分享。

所以我們慈小很早就在做預防醫學，而且是從一年級開始！每年九月，健康中心皆會舉辦健康檢查。全校健檢對健康中心來說可是項大任務，從計畫、分配工作、溝通協調、統整發布資料、衛教宣導、場地布置等事宜，都讓她忙碌許久，雖屬學校例行性活動，但只要牽涉到孩子的健康，她絕不怠慢，全力以赴。

在二〇〇三年 SARS（嚴重急性呼吸道症候群）全臺大流行之前，貞岑老師就加強衛教，自我健康管理，如果感冒，發燒，就要戴口罩。所以我們慈小很早就在做預防醫學，而且是全校的！

最讓我感恩的，如果小朋友身體不適到健康中心休息，她晚上會打電話到學生家裏追蹤後續，確認孩子恢復無恙，我收過太多家長致謝。

此外，她也到花蓮縣吉安鄉碧雲莊擔任社區志工，教大家注意血壓、如何測量以及高血壓防治，宣導多運動、注意飲食，守護鄉親健康。

我當初只是一個簡單的心念「如果讓照顧上人的人來照顧小朋友，一定很棒」，結果貞岑老師不僅很棒，是非常棒：從低年級到高年級，從檢查手帕衛生紙到叮嚀戴口罩，從個人衛生到消防安全逃生，從校內服務到校外，她的專業和熱忱遠遠超乎我期待。

針對新進老師培訓

我對慈小新進老師的要求：第一，要認識慈濟。第二，要有慈濟精神。

不能一步到位，所以我打算先帶領新進老師一起看「人間菩提」。目標是把慈濟精神當成一種生活習慣。

公立小學老師主要負責在課堂上課，可是我心中有一套完整的規畫，期待慈小老師和我一起完成：我們會帶學生去家訪、到照顧戶家裏打掃；我們會去養老院、教養院、及醫院去演奏或合唱。日常教學與行政，就是互相支援，隨時補位。

一九九九年十一月，我進行師資公開甄選，程序包括專業筆試、試教及面談。感謝慈大教研所范德鑫教授，不但一開始的《設校計畫書》內容承他細心審閱、惠示高見；後來的教師筆試題目也是他請臺師大教授出題及閱卷；花蓮師範學院（其時尚未與東華大學合併）的教授也在他請託下協助良多。

二〇〇〇年一月預聘老師報到，二月進行培訓；培訓工作包括靜思語教學理念研習，以及三月至七月共五個月一貫課程與專業課程的研習。研習包括試教，委請慈大教研所和花師的教授現場指導。

我當時很注意九年一貫課程將於二〇〇一年九月試行，因為我經歷過臺灣教育史上五次最大轉折：一是臺灣光復後，小學老師面臨的轉變。我還記得那時我小學四年級，有一天晚上很晚了，我經過學校，看見一間教室還燈火通明。我好奇心起，躡手躡腳走到教室外，雙手扶著窗臺，踮起腳尖，偷看裏面：是老師們在學注音符號！七十六年後，我到今天還記得那天晚上老師們專注的表情。

二是一九六八年實施的九年國教。教育部為提升小學師資，規定師專畢業才得以任教。我就是那年拿到女師專文憑。當時教育部明訂目標就有「加強國校教師之在職訓練，以提高國校師資水準。改善國校教材教法，充實教學設備」等相關規定。

三是一九七四年行政組織改變，校長下設三名主任，釋出員額，我才有機會晉升主任。

四是一九九〇年的教改，我在花蓮籌辦慈小，公文往返受影響。

五是二〇〇一年的九年一貫課程。我深知這種大轉變，老師一定要提前培訓。雖然教育部九十學年度才開始實施九年一貫課程，可是我們八十九學年度就招生。如果孩子上了一年舊教材，就換新教材，這樣學習效果會不好，所以我打算一開始就上九年一貫的課程。

但我首先想到一個關鍵問題：九年一貫的課本都還沒有通過審查，要訓練老師也無從培訓起。

於是我又想，寫一個專案計畫報部，爭取教育部的九年一貫實驗學校。

我也想到：要「實驗」總得有個學校來實驗，慈小還沒有正式成立，要在哪裏實驗？有可能列入教育部的實驗學校嗎？

我還想，既然教育部在全省選擇了一些學校，作為九年一貫的實驗學校，我也來爭取慈濟小學成為花蓮的九年一貫實驗學校。等一下，教育部的新課程實驗學校都是公立小學，私立學校要申請會有重重困難。

我再想……哎呀我不想了，計畫寫好直接報部，做就對了，做了再說。

教育部回覆：「否決，九年一貫實驗學校只限公立小學。」

喚山山不來，於是我走向山。我的老師不能參加研習營，那我就幫他們辦一個。我不氣餒，一直往前走就對了。老天關一道門，會幫我開另一扇窗。

但我後來才發現，老天關門，原來是要給我新房子。

我特地拜訪柯啟瑤老師，他雖已退休，卻依然奉獻科學教育，是「科學教育學會」終身成就獎得主，顧問級的老師，小學生口中的「柯爺爺」，也是九年一貫自然科學課程研究小組召集人。於是我向他表明：離九年一貫正式實施雖然還有一年，學校取得教材和規畫課程變得有點尷尬。我問過出版社，雖然能買到新教材，卻因為我們不是教育部納入的九年一貫實驗學校，沒辦法讓老師參加教授主持的教學研習營。新教材一定有新教法，想請他訓練老師，辦教學研習，費用我們負擔。

他一口答應，還問我：「自然科我可以負責，其他科呢？培訓老師的人都找好了嗎？」

「還要一一拜訪。」我語氣不禁透露出明顯的不安和焦急。

柯老師說，「嗯。這也是一個辦法，但是太慢了。我可以幫你一次全部找齊。」

好事一定會發生，但不是看到發生才知道，而是先相信，才會發生。柯老師請來的師資，都是九年一貫各領域的主筆教授。柯老師說：「慈濟為社會做了那麼多事，就讓我為慈濟做一件事。」

也感謝簡聰成主任特別商請他在臺師大教研所進修班的同學，北市長安國小羅富美（慈念）校長全力支援場地，讓培訓老師有最好的環境，全心學習。在此向柯啟瑤老師和慈念師姊致上無盡的謝忱。

當時是週休二日，大部分預聘老師都是在職，所以利用兩週一次的時間研習。我希望給老師最好的研習，但時間很短，要學的東西很多，所以設計研習的內容就很重要，我和預聘老師壓力都很大。

預聘老師從全臺各地來，舟車勞累，日夜奔波，很是辛苦，但大家對慈小有很大的期待，樂此不疲。最遠是林千青老師，儲備時每個月從高雄到臺北研習兩次，披星戴月，毅力過人。

慈濟中小學教育的特色就是慈濟人文教育。因此，甄選師資時，除了在專業科目專精外，也期望老師能認同慈濟的教育理念，共同來耕耘這方教育福田。

音樂領域是請德慇師父甄選，她是日本武藏野音樂大學畢業，素養一流。她幫我請到音樂家林玲珠老師，後來慈小的合唱團也是林老師指導，打下扎實基礎，獲獎連連。

花道與茶道當然是重點，花道課請德普師父授課，我在規畫慈小建築草圖時就請教她。她建議：花道教室和茶道教室中間要預留一間準備室，室外要有車道，方便花材運來。直到現在，德普師父對動線很滿意。別的學校都是把現有教室改成特別教室，慈小是先有完整構想，依設計施工，設想周到，給學生最佳學習環境。

茶道老師我非常感恩李六秀師姊，永遠記得第一眼在臺北分會見到她，內心極度震懾：「好有內涵！竟有氣質如此好的人！」我想，一定是她家教本來就很好，進入慈濟後依止上人的法，加上師兄師姊一起薰陶，才能散發如此深厚人文底蘊而自然流露於外的絕佳怡人氣息。當下我就下定決心：「就是她！我要請她到慈小教茶道！」

後來六秀師姊從臺北帶了一批茶道老師，每週到花蓮一次，用一個上午的時間教學。我也想順便學，於是每週都跑去旁聽。她上課行雲流水，賞心悅目。看著看著，我忽然有一個積極的想法，就跟她說：「既然都來花蓮了，不如這樣，早上上課，下午幫我訓練本地茶道老師，可以嗎？」她完全沒考慮，笑說：「當然好啊。」那一抹美麗的微笑讓我終生感念，永存心底。

二〇〇〇年八月三十日慈小開學第一天

在籌備階段後期，離開學日愈來愈近，前置作業及行政人員培訓也緊鑼密鼓展開。非常感謝慈濟大學各處室主管同仁全力協助：會計室黃馨誼主任、總務長鄭暄、總務處方仁輝組長、採購組游素梅組長、電算中心、教務處、人事室、圖書館不斷給予新進人員各種支持和暖心鼓勵。

二〇〇〇年八月三十日，慈小開學第一天，先借用慈濟大學的教室上課。一年級的小朋友開心地說：「我上大學了！」小學生和大學生能齊聚一堂上課的緣分真是難得。

這是因為慈小動土後二個月，一九九九年九月二十一日，臺灣發生芮氏規模七點三級的大地震，造成二千多人死亡，中南部八百多所學校損毀。上人當時懷著「教育不能等」的心，援建五十一所學校，凝聚所有力量援助災區。所以當時剛動土的慈濟小學工程也暫緩。

二〇〇〇年十月，慈小再遷至鄰近的慈濟中學校舍（今慈濟大學人文社會學院）上課；二〇〇一年最終遷至現在的行政大樓與教室。

學生家長開學前一週就接到老師電話，不但提醒開學注意事項，也和學生提早培養感情，這就是「『親師生』一家親」。開學第一天，一年級教室裏的大人比小朋友還多，原來許多家長擔心孩子第一天上學會怕生而陪同前來；但在老師們帶動遊戲後，小朋友們馬上玩成一片。

創校第一學期，一到五年級新生共一百三十四人報到；除了一年級有三班，其他年級各設一班，採每班人數不超過三十人的小班制教學。以家長角度來看，有利師生互動；對導師來說，小班制可以讓學生適性發展，便於因材施教；就校方而言，著重心靈啟發，可以讓小孩子快樂成長。

課程兼顧慈濟人文與科技教育，並實施英語雙語教學及電腦教學。九年一貫課程綱要規定小學三年級開始學英文，但慈小不但提前一年使用新課程，連英語學習也提早二年——我們是從小學一年級就有英文課。

我在新生訓練與家長座談時提到：「社會、學校、家庭三者密切連動，其中，家長與老師保持聯繫，溝通順暢，資訊公開，是穩定學生狀況的重要因素。期待每位家長把慈小孩子都當成自己的孩子，慈小學生也會把每位家長視同自家長輩。」

自一九八九年慈濟護專創校開學，至二〇〇〇年七月，終於實現了從幼兒園、小學、中學、大學、研究所之全程、全面、全人的「完全化教育」。上人期待華人有全人格的教育，所以慈濟教育以愛培育每位學生，特重個人品德。

結合學校與家庭薰陶學童

選擇理念跟我們相同的家長，
然後一起把孩子教好。

別的校長選學生，我選家長

家長絕不可帶頭違規

公立小學是分發制，學生依學區就讀；據我個人所知，大臺北地區幾所好的私立小學大多要考試，學校會選學生。

我不選學生，我選家長。學生當然是來者不拒，來了我們就負責教好。我的教育理念很簡單：把一個人教成正直的人。如果保守一點，他至少不會違法犯紀；如果他積極一點，他的正義感可以是維持社會秩序的一股很大的力量。我本來就是一位很重視品德教育的教育工作者，進入慈濟後，慈濟的教育理念我認為正是對治社會問題的解方。

「不選學生，選家長。」聽起來是一種理想。家長可以選嗎？

如果可以，到底要怎麼選？

慈小其實有很多其他小學沒有的生活教育、生命教育和品德教育。當然很多家長是為此而來，但也有家長不是完全認同，甚至覺得有些課程可以減少。如果父母的理念跟我們背道而馳，這樣的孩子可以把他教好嗎？不可能的。

選擇理念跟我們相同的家長，然後一起把孩子教好，如果在學校學生有偏差時，我告訴家長，在家裏注意偏差行為，即時矯正，至少可以慢慢改變。

家長其實很信賴我們的教育，因為我們不是用高深的道理，不講複雜的流派。我們教學生時時刻刻記住：把心照顧好，是非清楚，善惡要很明白。影響周邊的人跟你一樣，一起向善，減少社會問題。

把心照顧好就是讓父母放心。如果你在學校違規，吵架或不寫功課，家長不放心；他不放心就沒辦法工作，他不工作你怎麼能生活？讓父母放心的孩子才是最有福報的孩子。

我們規定學生不能遲到，學生都是家長開車送來，如果遲到，我們有一個規定，正門已關時，請走二號門。某日，家長遲到，堅持不繞道進二號門，一定要進大門，很不高興。

僵持不下，老師通報我，我說請家長敘明遲到理由。結果家長更不高興了，一定要從正門進來。我說不行，規定是這樣，就一定請你把車開到二號門。

後來老師都跟我說，以後最好還是讓這位家長進來，因為他很勤於跟別人分享，一定會有負面話語。

我跟老師說，以後我還是不會讓他進來，他要分享就讓他去分享。我們自己要做到讓別人沒話講。對每個家長都一樣，遲到就是請從二號門進來。如果怕他講就破壞規則，那不就整個亂掉了？

規則定這樣，就是所有人都要遵守。我今天開門讓遲到家長進來很簡單，這個動作不用幾秒鐘。但接下來幾年我要怎麼面對老師？怎麼面對學生？怎麼面對其他家長？

接下來幾年我怎麼定規矩？會不會有人想「反正到時候破壞規矩也不會怎樣」而不遵守？規矩是怎樣該怎樣就怎樣，做到讓別人沒話講。如果他還要講，那就讓他講，是他違規在先，所以應該也沒人聽。

有人因此說我很難溝通，我說是。我是很難溝通，但我就是堅持，對的事，一定要做，不然你要怎麼教孩子？大門關上後，就會有很多學生開始在門後打掃，這時再開門，只為了讓遲到家長開車進來，這樣危及學生安全的事，我絕不允許。

所有的家長，我都跟他們講，要把所有的孩子當做你的孩子；同時我也告訴孩子，所有同學的家長都是你的家長。這才是校園倫理，校園安全。

一如我跟老師說，不要分「你班上學生」、「我的學生」，每一個老師都是每一個孩子的老師。我在慈小很重視這點，為什麼？因為我曾經還是老師的時候，看到一個老師跟另一班老師說「那是我的學生，不關你的事，不准你管」。這樣子很危險，日後這孩子只要被糾正，就馬上頂嘴「你又不是我老師，我做什麼事你不要管」，於是一錯再錯，最後鑄成無可彌補的遺憾大錯。

小孩模仿力很強，有一個週日早上我在靜思堂準備當導覽志工。忽然咚咚咚一個一年級小女生從角落跑過來，原來是慈濟醫院院長高瑞和的女兒。我說你這麼早來參觀喔？她說不是，因為她朋友等一下要來，所以她一大早就先來看看場地，順便練習一下待會要怎麼介紹。

你看！才小學一年級，這麼懂事，學大人場勘、學大人導覽，學得這麼徹底。所以我們一定要給小孩一個很好學習環境，最好的榜樣。我規定慈小所有學生，對工友、幹事、校護、會計、人事、一般行政人員，都要稱他老師。我也告訴同仁，這規定有兩個意義：第一，學生稱你老師，在校園任一處、任何時候、不管你看到誰違規，都要出言勸阻、制止、糾正，那是你的職責。

第二，被稱為「老師」的你，也是每位學生的榜樣，請注意自己的言行舉止，不論校內校外。因為花蓮很小，在校外你也會被學生遇到。

慈小學生的家長其中之一要住花蓮

籌備慈小時，上人問我「慈中規定全體學生住校，慈小要不要宿舍？」

慈小學生是不用住校的，但我們規定父母其中一方，一定要住在花蓮。我們為了要讓孩子所受的教育是完全的，才會這樣規定。孩子跟父母之間的親情要把握住，因為十二歲以下的孩子，還是以父母的意見為意見。之後他慢慢長大，有自己的想法。但小學階段，他還是最聽父母的，所以父母其中一方一定要住花蓮。

有一次我和老師、學生、家長做社區志工，我問家長，假日怎麼沒有帶孩子來。他說：「女兒現在已經讀初中了，她不要跟我出來，她要跟同學出去。」這也證明了我們的想法是對的：希望小學生跟父母密切互動。家，是兒童社會化的第一個場所。

從小在家裏養成正確觀念，正確做法，先透過父母跟孩子之間不斷溝通，之後一定要養成正確習慣。這些好習慣沒有養成的話，以後他很難辨別對錯，搞不清楚是非。如果以同學的意見為意見，萬一學到壞的，被誤導而偏差，後果不堪設想。因為所有的偏差行為都是在一開始看起來似乎無關緊要、無傷大雅的，旁人認為毋須過度緊張，家長也覺得小題大作，大可不必。但差之毫釐，謬以千里，最後造成社會問題。

有一對父母從臺北帶女兒來慈小，問她喜不喜歡？女兒說喜歡。下一次來報到的時候，她連制服都穿來了，原來家長去查我們制服是哪間廠商做的，預先做了一套。

雖然喜歡到這個程度，但我們有向她的父母表明原則：家長一定要有一方住花蓮陪伴。父母滿口承諾，卻把孩子交給住花蓮的親戚。

日子一久問題就浮現了，孩子也會奇怪，為什麼同一件事，媽媽對我是這樣，親戚又是那樣，開始有比較心，所以這個孩子的行為開始慢慢有一點偏差。

請父母到校說明，原來是因為臺北生意忙，實在無法分身，但孩子又那麼喜歡慈小，只好用此折衷辦法。家長本意是很好，但是規定就是規定，不可違規，很可惜，還是不能讓她繼續留在慈小。

小學是親子相處的重要階段，學校不希望製造「另一類的小留學生」。很多人以為把小孩放在學校，就能教好了，其實不然。親情無可取代，是孩子成長過程中不可或缺的。校方這項規定完全是為了孩子的心智發展和品德培養，如果家長無法配合，學校也沒辦法收，這件事我很堅持。

把孩子教育好，家長命就好

我們有一個孩子是這樣，三年級，單親家庭，他跟媽媽住。媽媽很用心經營民宿，生意還不錯，所以他回去一定要幫很多忙，做很多事。媽媽要求很高，叫他做什麼一定做到滿意為止。

他也很認真，在家裏確實很認真。但是到學校就沒精神了，上課時，注意力不集中。老師提醒他，他因太過疲累而不耐煩，氣衝上來，公然頂撞。有一天我巡堂，看見他對老師態度完全錯誤。我就跟老師說，是不是請家長到校一談。目的不是說孩子不好，是請家長注意孩子的情緒問題。

家長在電話中一直表示，自己很忙，民宿只有她一人經營。老師打了好幾次電話，家長就是不來學校。這我能體諒，於是請老師以電話溝通也行。

結果不用老師打，這位媽媽自己打來了。老師還沒機會告訴她孩子情形，她就一直訴苦，從小講到大，說自己多苦：求學不順苦，人際關係苦，戀愛傷心苦。好不容易暫停，老師想告知孩子在學校情緒問題，這位媽媽卻說「客人上門，我要做生意了。」一直接掛電話。

沒隔幾天她又打來學校，又開始訴苦，這次從自己婚姻講起，也不須問老師上次講到哪裏，就直接從婚姻失敗所造成的生活之苦說起：苦於自己帶孩子，苦於獨力經營民宿，苦於經濟壓力。每天都好苦，沒對象可講。等到老師想告知孩子在學校的情形，媽媽又說自己要去忙了——還是掛電話。

我告訴老師，聽起來是一位很有主見的家長，下次你把電話轉給我，讓我來接一接她的。

沒多久我就接到這位媽媽電話，她說：「哎呀，我歹命啊！我怎麼這麼命苦？怎麼辦？怎麼辦！我好歹命啊！」

我說：「很簡單，你把孩子教好，你的命就會好了。」

這句話像一桶冰塊從頭頂倒下，讓她完全驚醒，問我：「我孩子哪裏沒教好了？」

我就把孩子在學校叛逆情形說了。媽媽說不可能啊，我的孩子在家裏都那麼乖，我叫一聲他沒有敢不來的，沒有做不來的事，也不敢頂嘴。為什麼在學校會這樣？

我說這樣更危險，會有雙重人格，而且會有壓抑問題，哪天情緒爆發，會很嚴重。

媽媽第二天立刻到校，和老師談了很久，回家改變對孩子的教法：不要讓他太累，不要給他太大壓力，給他自己的時間寫功課，讓他做自己喜歡的事，一陣子後，孩子在學校完全恢復正常。

學校教育一定要和家庭教育結合。不能學校教學校的，家庭又是另一套觀念。孩子在家裏有不滿情緒，沒有適當被理解、被排除、被宣洩，他來學校，對老師頂嘴發洩，同學成為他情緒出口，最後甚至可能導致霸凌。

如果家長對老師教學有疑慮，歡迎到校討論

從我第一次在鼻頭國小任校長時，我就告訴自己，校長室的門永遠要為學生敞開。除非有會議或是接待客人，其餘時間，老師、行政同仁、學生都能自由進出校長室，輕鬆自在坐下和我聊聊。

一位美術老師要求自己有一間辦公室，我說現況無法允許。後來他在校園抽煙，被舉發。我請他來談，他堅決否認。那次會談很不愉快，他離去前竟然說，要找出是誰告密。我說你不用找，沒人告密，是我親眼所見。他不相信，憤憤離去。

慈小很多外賓參訪，我請他做海報，他拒絕，說已經占用他太多教學時間，

而且不是他職務清單裏，還說我應該是找外包，做大圖輸出。

用美工軟體畫海報，對他來說應該是輕而易舉；找外包，以我而言須精打細算，能省就省。更何況明明是他本分事，卻接二連三，屢屢推託。我認為他的工作認知和個人行為已不適任。

某日，幾位五年級學生一起來找我，問我是不是覺得美術老師教得不好。我耐心而詳細解釋之後，他們說，「家長們」都覺得老師沒問題。最後我只好告訴學生，如果家長對老師教學有疑慮，歡迎到校討論。

校園抽菸，已屬重大違規；交辦事項推託不理，情節更是重大；我辦公室門永遠開著，自己不來，竟然鼓動學生家長為自己平反？孰可忍，孰不可忍？忍無可忍，送出簽呈。

慈小是附屬於慈大，當時慈大的方菊雄校長請我去說明原因：為何學期中讓一位老師離職？

我說：「老師只有兩種，一是怕他走的；二是怕他不走的。這位老師就是屬於後者，這種身教，萬一賴著不走，怎麼辦學？此決定我完全負責，不僅是對自己負責，也是對學校負責，更是對學生、對家長負責。他若不服，不服的原因是什麼？他可以講。除非我做得不正，那他講，我一定改。可是我做得正的話，他如此錯誤，我一定要處理。」方校長又找其他老師問了細節，說法全都一致，該員確屬一再違反重大情節，只好簽准。

我其實很懊惱：怎麼會看走眼？

我當然會看走眼。我只是凡夫，他也不是聖人。當初看他學經歷，確實不錯，又是北區國小美術輔導員，術科應該是強項。不管如何，這次經驗我也很警惕自己要更小心挑老師：日久見人心，習氣不易改，不可不慎。

把小孩當小孩教，他不會成長

從日常養成健康的飲食和衛生習慣

慈小沒有福利社，不賣零食。我們禁止學生吃零食，這很重要。禁吃零食，學生到中午肚子就很餓，什麼都好吃。如果讓他帶零食，他都一直吃零食，中午不吃飯，這不是健康的飲食習慣。他若中午不吃，到了四點多要放學了，他會很餓，但下午是沒有點心的。

販賣部只賣制服。原廠直送，沒有經銷商，所以價格合理。我當初直奔工廠，親自洽談。一開口就是行話，對方一聽，大概知道我不是外行，所以品質保證，童叟無欺。

大家猜猜外賓來慈小參訪，最有興趣是哪一項？

答案是我們中午用餐行儀。

中午，學生穿上圍兜、餐帽、口罩，宛如整潔小廚師，為排隊打菜的同學服務。人人慢慢依序前進，安靜無聲。在這之前，必有學生盛飯打菜，恭敬奉上老師桌前，老師則端坐合十感謝。

宏都拉斯總統來訪，看了學生打餐過程，饒有興味問我，「你們真開明，行伍中，學生還可以對菜色評比，有的比大拇指稱讚，有的以小指給負評。」我笑對總統解釋，手勢表示分量多寡，比大拇指意思是請給我多一些，比小指就少一點。總統大讚此法極佳，巧思又衛生。

中餐播放國樂，構想來自我有一次去總統府領獎，李登輝總統和老師餐敘，表揚服務超過四十年的教育工作者，放的就是國樂。那一餐我認為備受禮遇，感覺很好。所以把這個方法用在慈小，讓每一位學生覺得自己是國賓等級，享用國宴。仿古的禮樂情節在慈小教室每日上演，家長最能感受到孩子日益轉變。

有一次，北京大學副書記率團到慈小參訪，中午我請貴賓們比照學生，端餐盤，排隊取餐，體驗午餐程序。沒想到，這日常卻令貴賓們印象深刻，多年後，王副總去北京時，他們還津津樂道，一直說是難忘體驗。

說到這裏我一定要感謝總務處的江姊。當時慈小借慈大教室上課，同心圓餐廳供應醫院、基金會和慈大素食。江姊不是從煮好的一大鍋菜餚裏分出來，而是另外煮一套給慈小！而且她還去請教醫院營養師，午餐有三菜，一主菜一副菜一青菜，有一般鹹湯也有甜湯，大多是綠豆、薏仁、仙草，都是孩子最愛，每餐皆吃到見鍋底，太好吃了，太用心了。

母親節我親手做卡片一張，跑去找江姊。她收下卡片，說小孩愛吃，她就開心。我說不只在學校愛吃，他們回家跟媽媽說，原來素食可以煮得這麼好吃，晚上在家裏也要吃素。媽媽一想，這樣也很好，於是煮了素食。晚餐後，爸爸趕緊問孩子「誰煮得好吃」？孩子想都不想，直說是學校。江姊聞言大笑。

吃完之後每個學生都要刷牙。我特地設「明眸皓齒」獎，每學期末，健康中心都會根據健檢結果，篩選出可受獎的孩子，於期末頒獎，鼓勵孩子用心照顧好自己的身體。慈小於二〇〇五年榮獲「花蓮縣視力保健評鑑優等」、「花蓮縣口腔創意競賽優等」。

「教那麼深，孩子懂嗎？」「孩子懂得才多呢！」

花道是課輔活動之一，課輔活動每天都不同，星期一沒有排，星期二是茶道、花道和科學活動；星期三是押花和紙粘土；星期四是跆拳道；星期五是合唱團。

學校的課輔是把坊間的才藝學習，全都排在學校裏，讓學生依興趣自由選擇，不用再到校外補習，在學校裏和同學們一起學，家長可以很安心。

如果有學生唱歌五音不全，老師還是鼓勵他參加合唱團。接下來一定會發現他唱得很盡興，這是因為學校注重引領學習動機，希望幼苗能慢慢茁壯，剛吐芽時不催促他立顯成果，但也不希望他的學習熱情在一開始就被消磨殆盡。

靜思精舍的德普師父到校授花道課，一般花道是把花和葉子插成一盆，然後擺著當裝飾；但德普師父設計的花道，是要學生從種子、幼苗、開花到變成枯枝的過程，去體會人的一生其實是很美的歷程，進而懂得去尊重孕婦、兒童、青年、成年還有老年等各種階段、不同身分的人。

花道課成品，學生可以送給老師，也可以放在佛堂，借花獻佛。一名女學生說，拿回家送給爸爸，爸爸再送給媽媽。我說這也是借花獻佛，因為上人說過，父母就是堂上的活佛。

每學期有整潔比賽、秩序比賽和禮貌比賽，獲勝的班級在期末可以和校長喝下午茶。我會問學生：這學期學到什麼，如果客人來家裏，他會不會接待？爸爸下班後，有沒有奉茶？這是茶道課的意義：以禮收攝心性，學會應對進退。

喝茶要配點心，每位學生發兩包餅乾，當場享用一包，另外一包帶回家，跟家人分享。從小學會分享，這是很重要的事。餅乾是校長給的獎品，有榮耀就要分享出去，分享喜悅，喜悅加倍。

分享喜悅，不忘教育。餅乾用完，包裝紙要摺好做環保，時時教育，事事教育，處處教育。有人問我說：「教這麼深，孩子懂嗎？」

莫說孩子不懂這些，孩子懂得才多呢！而且，把一套精緻、嚴謹的禮儀，用一種很淺顯、很好懂、很生活化的語言來傳授給他們，老師也從教學中得到成長。

孩子請讓我們這樣愛你

有別於其他小學「聯絡簿」，我們慈小是「親師手札」。家長翻閱，一方面看老師交代事項，順便也看看其他家長的心得。而教室一角的「家長專區」，只要家長願意，隨時可到班上來看孩子上課情形；或製作教具，或當助教，解答其他孩子問題。

我常跟家長分享：所有的孩子都是我們的孩子，所有的老師都是孩子的老師。

有一位學生，人格特質很不同，曾有從事教育的朋友建議家長：他較適合就讀森林小學。這話讓家長不禁思索：從森林小學畢業後，後繼有森林中學可讀嗎？中學畢業之後呢？有森林大學？有沒有辦法找到一所小學，其教學是融合森林小學和普通小學的特色？

家長擔心小孩送來慈小，會成為朋友說的實驗白老鼠。但在多次與我溝通後，彷彿看見一道曙光。半個學期過去，我看到學生燦爛的笑容，每天快樂地告訴家長學校發生的事情：班上的兒童劇、合唱團、跆拳道、花道、茶道。我想，這就是親子的雙贏。

家長在卡片上寫下：感恩校長、老師及行政人員的努力，還有許多愛心媽媽的付出。參與小朋友的成長，真是一件美好的事。

某日我到慈濟醫院看夜間門診，竟然看到學校老師，一問之下才知他們為了這位學生，晚上到慈院上關於特殊教育的課，已經一個月了。

如果班上沒有特殊學生，老師也可以採取特殊教法。在此我分享林千青老師的班級經營：帶五年級的她，班上一直以六人一組的「家庭型態」分組，每人各有不同身分：地板長叮嚀大家維護清潔，恰似慈祥的爺爺奶奶；配餐長張羅關於健康的事，就像溫柔的媽媽；桌面長負責提醒課業，宛如穩重的爸爸；資源長、電器長、門窗長是分工合作的兄弟姊妹，落實愛物惜物的行動。她的班儼然是座小型社區，忙碌中總帶著家的溫暖，各盡職責也相互支援。

我相信：只有當老師把孩子當成自己的孩子，教育問題才能真正解決。因為一個孩子的問題，就是全校老師的問題。

有一位小朋友要轉來慈小前，家長很憂慮。他在美國出生，是家中唯一寶貝。七歲時因父母回臺任職於知名企業高階主管，帶他返鄉，住獨門獨院，鮮少與鄰居互動，所以個性較不隨和。

媽媽告訴我，之前的學校指派四位老師照顧他，最後還是沒辦法。我說，本校沒有四位老師的人力餘額，請考慮其他學校。但媽媽一再請託，我不忍心拒絕，只好說：「我幫你問看看，如果沒有適合的老師，那就真的還是要婉拒。」

當然想到吳秀英老師。我在錦和國小當校長的時候，上過她的「靜思語教學法」。她就是傳說中的「老師的老師」，對特殊學生很有一套，她從臺北市博愛國小轉來慈小任教，現在班上也有兩名特教生。

我跟她說：「這位學生之前待過幾所學校，從他媽媽口中得知，帶過他的老師都難以接受。因為他不寫作業，不交朋友，不說話，偶有攻擊行為，罵同學，明顯無法融入團體生活。」

聽完我描述，她想了一下，說：「可以。就到我班吧！」

所有轉學生都有一位小天使，因為學校環境太大了，走一走會迷路。以前真的發生過，所以之後都會有一個小天使陪伴。第一個小天使陪伴一天，就說：「老師，他會打人。」不想陪了；又換一個，還是只陪一天，說：「老師，他在罵人。」再換一個，還是只維持一天，秀英老師問：「為何不陪了？他又罵人？還是打人？」小天使回說：「老師，是他不要我陪。」

那天，另一個學生就說，「老師，一直換小天使，好像不太好，這樣下去也不是辦法。」

「有理，」吳秀英老師說，「從明天開始，我來當他小天使。」

吳秀英老師具備「一般教師」與「特殊教育教師」雙重資格，加上教學經驗豐富，不管孩子出什麼招，她都可以應付自如。只要轉到她班上，孩子就可以安住，而且喜歡上學，家長完全放心。

有一次因為課程「到同學家做客」，他家來了一位稀客，就是同班同學。這位小男生喜出望外，全力接待，賓主盡歡。快樂時光過得很快，不知不覺已近黃昏。同學想回家，小主人不准。溝通很久，完全無效。後來媽媽說，「如果不讓同學回家，以後沒人敢來家裏做客了。」他才勉強「放人」。

看著同學離去背影，小主人回頭跟媽媽說：「有朋友真好。」媽媽告訴秀英老師，孩子讀過那麼多小學，只有在慈小，他才交得到朋友。

另一位自閉症孩子，生活在自己的小小天地裏，他在一年級入學前，媽媽先到慈小了解，有點擔心孩子能不能順利入學。

「可以。」我帶著肯定、鼓勵的語氣回答媽媽。

當時擔任導師的雪惠老師為接一位自閉症學生，特地在課餘時間到慈濟醫院兒童早療單位去上課，了解如何帶他。老師如此用心，付出愛，所以同班同學也學會如何與他相處，愛他、護他，令人感動。

到了三、四年級由于鈊老師帶班，中午水果，同學會幫他剝橘子。學期末有成果發表會，自選曲是自由發揮，指定曲是全班合唱一首歌。同學超有愛，一起配合他，主動問他想唱什麼？他說他要唱〈一剪梅〉。

唱〈一剪梅〉？這既不是慈濟歌選，也不是學校課本裏的曲目。于鈊老師遲疑了，來找我。我想都不想，笑說他們既然決定要唱〈一剪梅〉，那就唱吧。

「可是，」于鈊老師提醒我，「大愛臺要來拍喔。」

「那太好了，我就不用再打給他們，」我也提醒于鈊老師，「別忘了請大愛臺訪問孩子的媽媽。」

那天晚上七點我看大愛新聞，孩子的媽媽接受訪問，她一直感謝學校，感謝老師，感謝同班同學。說著說著，忽然哭了，一邊哭一邊告訴記者：「我孩子告訴我，在慈小很快樂。我放心，我感恩。」

生老病死，最真實的生命教育

二〇〇三年八月十一日下午，我帶領學生在校門口迎接兩名小外賓莉亞（Lea）和瑞秋（Rachel），她們是六月底甫於花蓮慈濟醫院順利完成分割手術的連體嬰。學生一見她們到來，立刻上前給一個大大的擁抱。

我為她們別上象徵榮譽校友的金質徽章，並宣告慈小新學期將成立「慈幼社」，莉亞和瑞秋是第一個關懷的對象。慈小學生會省下零用錢，作為她們未來的教育基金。早在兩位女娃手術前，我就曾帶著慈小學生至慈院探望。三年級一對雙胞胎告訴老師：「我要感恩爸爸媽媽！因為他們沒有讓我們兄弟連在一起。」

慈小的活動，無論外賓參訪或學校自辦，我們期待孩子端正品德，培養善念。

善念是心靈最大的財富，不斷發揮愛的力量，讓人感到溫馨，就是發揮良能的幸福人生。

我和老師、家長、慈濟志工，帶慈幼社同學到禪光育幼院和慈濟照顧戶家庭關懷。慈小同學幫忙照顧戶打掃環境、清洗家具、刷淨牆壁。居家環境經過打掃後乾淨很多，老人家與稚童也漾開笑臉。同學們都說，看到阿公阿嬤的笑容，自己也很開心。

同學在育幼院分享糖果，一個大哥哥，給他的東西他都不吃，放口袋。同學問，「你為什麼都不吃呢，都放口袋？」他說我那個房間裏面還有更小的弟弟妹妹啊，他們沒有辦法來，我要帶回去給他們吃。學生們很感動，有的說再也不跟弟弟搶零食；有的說下一次如果再來的話，帶玩具給他。

慈濟的孩子能在假日接受這樣的教育洗禮，真的很好，能提升心靈層次：知道自己是有福的，從悲憫中付出愛心。

有一位臺中的師兄，兩個孩子讀慈小，一個五年級，一個三年級，媽媽在花蓮照顧。某日師兄跌倒，再也沒醒來。我在辦公室對兩個孩子說，誰都不願意看到這樣的事發生，親人往生的時候，我們在世的人要祝福他。你不能太悲傷，如果你太悲傷，說不定他也知道你在悲傷，所以他可能就無法靈安。

我又舉自己的例子說，我十四歲的時候，爸爸意外往生，我有六個兄弟，八個人都要靠媽媽一個人來維持生活，這個擔子很重，於是我就告訴自己，從現在開始要很堅強。

這對兄弟依然很悲傷，我又說，你們現在要想一想，媽媽跟你們一樣很辛苦、很悲傷。可是媽媽有很多事要處理，你們還是能幫媽媽處理一些事，對不對？你們兩個人自己要減輕對爸爸的思念，互相提醒，看怎樣來幫助媽媽。

「怎麼幫助？」哥哥忽然問我。

「只有把你自己的工作做好，不要讓媽媽再為你而擔心。她會覺得很安慰，覺得你們兩個看起來很小，但是可以做的事很多，這樣很懂事。」

弟弟說：「可是，我還是很想念爸爸，他不在我身邊了。」

我安慰弟弟：「思念親人，是人之常情。你以後還是會想起爸爸，那沒關係的。你想起爸爸時，就想：爸爸希望你成為什麼樣的人？然後你就很努力、很努力往那個目標走。這樣，你就會一直和爸爸很近，感覺爸爸就在你身邊，一直陪著你。」

我只能用自己的例子，因為喪父是椎心的痛，十多歲的孩子要被迫瞬間長大，其實是很殘忍的事，但遇上了就是沒辦法，只能接受。這位哥哥想回臺中跟阿嬤住，但是弟弟勸他，不要再讓媽媽繞過半個臺灣來照顧他們，媽媽已經夠難過了，別再增加麻煩。最後兄弟一起留在花蓮。

關於生老病死的生命教育，不要以為孩子還小，不懂。其實他們很懂的，把小孩當小孩教，他不會成長；把他當成人教才會。

全程、全面、全人教育

我不相信「小時了了，大未必佳」，從事教育工作多年，每過一年我就愈相信：小時了了，大有可為。

生活教育的驗收

對於外賓參訪，我向來的原則就是：不彩排、不預演、不買禮物。我認為慈小每位師生每天表現都很棒，所以不管是誰、在哪一天參訪，他看到的都是日常，都是我們最真實、最好的一面。

慈小的美術、版畫等課程，所強調的是「尊重」。每位孩子的作品都將被視為獨一無二的創作，也都會被展示出來，這無形中對孩子是種鼓勵，並有助建構審美觀。

所以和外賓交換禮物，我都準備學童美勞作品，那是最有教育意義的禮物。學生覺得自己的作品是外賓伴手禮，與有榮焉，引以為榮。

二〇〇二年十月，宏都拉斯馬度洛總統夫婦趁臺灣之行，特來感謝慈濟一九九八年對該國風災伸出援手。

我和學生們將宏都拉斯的地圖張貼在校門口，表示歡迎之意。師生藉此機會一起查資料，認識宏都拉斯的地理、國情、風俗物產等，擴展國際視野，也是很好的國民外交。

國樂團原在國樂教室練習，改為在校門穿堂上課，迎接貴賓。只是上課場地改變，上課時間不變，不影響學生學習，又可歡迎貴賓。送給總統伉儷的禮物是學生手做透明茶杯墊，壓克力押花，非常別緻，總統夫人很喜愛，頻頻詢問。我們不做簡報，以表演扯鈴代替。總統大感興味，直說從未見過，自己也當場小試身手，和學生同樂，引來掌聲不斷。

小記者簡詠均在教室裏以英文專訪馬度洛總統。對於學生表現，我很滿意。在總統伉儷、外交部簡又新部長及幾位官員、本地媒體面前，他們落落大方，應對得宜，平日注重的生活教育，完全落實。

這種落實有時到了令人驚歎的地步。靜思語教學是慈小重點課程，我注重身教並鼓勵老師們藉由靜思語教學，培養學童良好的品德，將品格教育自然融於日常生活中。

教英語的周秋菊老師有一次進行二年級英語教學時，對學生說：「今天要教的是『慈濟大學實驗國民小學』的英文全名，有點難喔：The Experimentel Elementary School of Tzu Chi University。其中，有兩個E開頭單字比較難……」

「老師，」一個學生忽然打斷，「心不難，事就不難。」

秋菊老師心中一凜：「這是我上週教的靜思語！」尚未反應過來，另外一位學生舉手又說：「老師，請你看黑板上的靜思語。」原來黑板右側寫著：「不要小看自己，因為人有無限的可能」。

她當下體認到：就算低年級的小學生，靜思語教學確實可啟發學生們向善、向上的行動力。反被學生提醒，教學完全落實，感覺收穫很大。

有一次學期末，上人來學校。早上我提前跟學生說，下午師公要來，你們可以把作業簿放在圖書館的人文室，大家都可以看到，互相學習。

上人到時，學生列隊，分站兩旁，安靜等候。

眾人進入，正要參觀，忽然一個一年級學生說：「這裏要脫鞋子喔。」

所有人愣了一秒。

坦白說那個當下我差點笑出來，怎麼這麼可愛！孩子真的太可愛了！上人幾乎是不假思索，立刻說：「啊，對不起。」轉半圈，回頭對隨師眾說：「要脫鞋子。」

這個小一學生從一進慈小，就被教育：進到木質地板的特別教室要脫鞋，而且鞋跟切齊牆緣，鞋尖朝外，一雙雙依序排整齊。所以當他看到有人違反規定，自然而然出言提醒。

我真的誠摯希望：所有學生在慈小形成的正義感與道德觀，出社會後能隨時發揮，形成一股約束力，那是無形規範，這股力量非常強大，讓社會更好。

兒童劇的意義

九年一貫「藝術與人文」領域，如何將視覺藝術、音樂、表演藝術做有效統整，確實困擾不少老師。慈小在全體師生與家長共同努力下，累積了豐富的經驗，把「藝術與人文」和語文、社會、健康與體育、環保、法治、道德、生活等課程融合，展現於兒童劇。

兒童劇是慈小年度大事，也是優良傳統，深受小朋友們的喜愛。從撰寫劇本、製作道具、調控聲光等相關作業，都是老師、學生、家長三方合心協力，共同完成，這也是兒童劇中另一項重要的收穫。

二〇〇二年七月，宜花東三縣舉辦「兒童音樂短劇表演競賽」，雖然主辦單位把兒童劇再加上「音樂」元素，但慈小養兵千日，用在一時，抱著平常心，以《小黑魚立大功》參賽。由花蓮師院音樂系黃淑紋教授指導音樂，以及特別請慈大附中藝術家唐自常主任擔任美術指導，他把小黑魚改成大紅魚，和學生用紅布做了一條超大紅魚，骨架請家長支援完成。結果得了特優獎。得獎是其次，官員跟我說了一段很難忘的話：「主辦單位其實很重視這次比賽，還『暗中』派員到各報名學校，私下觀察。慈濟小學是唯一一所，家長和學生一起參與，一起做道具，一起練劇本，這親子互動『很壯觀喔』，實在太棒了。」

我也和官員分享參賽心得：「除了親子關係，還有四項重要意義，第一，學生有角色要詮釋，有助了解他在團體裏的定位；第二，他也會觀察其他人的定位，學習如何和別人合作，去把一件事完成。很多學生都跟我說，一起協力完成一件事的感覺真的很棒。這對於他們將來跟不同環境的不同人相處，是很有幫助的。第三，學會負責。如何負責把一件事做好，對演出團隊有交代；第四，學習付出。付出時間排練，付出心血做道具，付出對其他演出者的關心。『你今天臺詞怎麼背不順？怎麼了？昨晚沒睡好？』你看！多好！」

我覺得慈小學生是很有福報的一群，慈小結合那麼多資源，那麼多用心的老師，那麼多志工家長呵護備至。也期待慈小學生懂得感恩，落實知書達禮的人文教育。懂得回饋，利他精神，提升自我的「全人品質」。

後來有老師在會議中提出建議，因為花的時間太多，是否以表決方式，廢止兒童劇。

我直接否決，並表示：兒童劇是每年兒童節演出，給老師的準備時間很充分，應該是上學期就開始準備。這是慈小優良傳統，每班詮釋一個故事，人人幕前幕後都扮演重要角色，是結合各領域成果展現，也是給學生展演的最佳舞臺，透過親師生合心齊力共同成就，於校內演藝廳公演，學生彼此觀摩，也邀家長觀賞。學校的大事與傳統不是可以用投票來決議，這點我很堅持。

慈小英語教學：家長一起來

慈小英語學習的推展中，「全班有聲英語繪本共讀」對提升學童興趣極有幫助。

為了營造學生聽、說、讀的英語環境，更為了激起學生主動學習，教英語的周秋菊老師透過有聲英語繪本的豐富插圖、有趣故事內容，搭配輕快的英語歌謠，讓學生琅琅上口。

這種融合視覺、聽覺、語文藝術多種媒體呈現出來的故事，很容易激發學生興趣，英語學習的空間也從學校延伸至家庭。家長透過繪本共讀，適時鼓勵孩子，增進親子情誼。

秋菊老師在參加二年級學生的班親會時，有家長提出：「看到孩子那麼快樂地跟著有聲英語繪本說說唱唱，這是很好的英語學習方式，我們也不用再把孩子送到英語補習班了！」

藉由繪本朗讀，我們鼓勵學生們自己組隊參加。於是學生們發揮創意，主動為朗讀的故事準備簡單道具、面具或紙偶，使內容更生動、活潑。

二年級的學生在心得單上寫著：「我在英文課裏最喜歡朗讀〈拔蘿蔔的故事〉，有一些字母跟我們的中文發音一樣，很好玩，我發現英文世界奇妙又有趣。」

誠如家長們的回饋：「這些日子，孩子回家連洗澡時間都會在浴室大聲練習拔蘿蔔的臺詞，唱得很快樂，那種氣氛把家裏的空氣都帶活了。」

英語課一定少不了話劇呈現。慈小英語話劇是全班每個同學都要上臺，一定有他可以演的角色，一間小房子，一隻蝸牛，一棵樹，一定有。

有一次家長就跟我分享：「校長，這個英語劇太棒了，我的孩子只有一句臺詞，可是他把全部對話都背得滾瓜爛熟。」因為我們用大字報把全部臺詞寫在上面，貼在教室後面，小朋友很開心，下課就練習，你講什麼我也會講，我就跟你對話。

我覺得老師只要肯做，孩子就可以學到很多。這樣很好，孩子回去，家長就一定配合。家長配合，家庭教育和學校教育就完美連結，太重要了。

二〇〇一年美國科羅拉多州大學學生 Anne Roller，Ben Custer，Kalen Dionne 來慈大交流，約一個月。我請他們也和慈小學生交流，並為我們錄製英語每日一句的CD。這是我們慈小第一本有聲（標準美國腔！）自編英語教材。

慈小其他英語學習尚有：親子英語營、靜思語融入兒童英語戲劇教學、每日一句英語電視直播、英語小志工、英語補救教學、期末英語成果發表會、英語志工家長、英語小世界（情境布置、對話、互動教室）、英語靜思語說故事比賽。

最後，也是最想介紹的，是每週日兩小時的假日親子英語班，參加對象為學校及社區親子。內容有親子衣、食、住、行脫口說英語；認識說英語國家的文化；親子英語共讀，童書角色扮演，歡迎家長一起來「玩」英語劇。

雙語教學是慈小的特色，從一年級到六年級設計不同課程，希望培養學生國際觀及國際競爭力。在此基礎學習下，每年參加縣內英語競賽都奪得佳績，特別是英語劇，從二〇〇三年起，連續八年，榮獲六次特優、二次優等。

慈小英語學習內容太豐富了，我太感恩秋菊老師了。

除了課業，兼顧體力鍛鍊，還有才藝

我初中二年級時，每天清晨五點起床，步行十公里到學校，放學後再走回家。也許是這番鍛鍊的關係，所以到現在我的腳勁依然很好。

不過，看到現在學生們的體能，我認為還必須再加強；畢竟有強健的體魄，才能有效學習，為人群付出。

我希望慈小學生畢業時，可以至少學會一項對他一生有益的運動。除了腳踏車，游泳也是一旦學會，永遠都會的運動。所以慈小學生從一年級就有游泳課，每年的五到六月、九月到十月，一共四個月用體育課學游泳，到畢業一定可以學會，並通過二十五公尺考試。

但我深知慈小很多學生是從未學過游泳，需循序漸進，日起有功。於是簡聰成主任參考教育部資料，訂了一個階梯表，頗受好評：

級別	分級標章	檢核標準
第1級	海馬	・水中行走10公尺 ・水中閉氣5秒 ・水中認物
第2級	章魚	・水中閉氣10秒 ・韻律呼吸10次（頭須沒入水中） ・水中拾物2次
第3級	蝌蚪	・離地漂浮10秒 ・蹬牆漂浮後站立 ・韻律呼吸20次
第4級	海獺	・蹬牆漂浮前進5公尺 ・藉物漂浮15秒 ・藉物打水前進10公尺（須換氣）
第5級	企鵝	・藉物打水前進15公尺（須換氣） ・游泳前進5公尺

級別	分級標章	檢核標準
第6級	海豹	• 游泳前進15公尺（須換氣3次以上）
第7級	鯊魚	• 游泳前進25公尺（須換氣5次以上） • 踩水30秒
第8級	海豚	• 蝶式、仰式、蛙式、捷式（任選二式）各25公尺 • 踩水60秒
第9級	鯨魚	• 蝶式、仰式、蛙式、捷式（任選三式）各25公尺
第10級	劍魚	• 蝶式、仰式、蛙式、捷式各25公尺（共100公尺）

如果學得慢也沒關係，我設計了一個安全制度：初學者不會換氣，戴紅色泳帽，老師應特別注意安全；有基礎會換氣的，戴黃色泳帽；已經可游完單趟著，藍色泳帽。學期末還舉辦水上運動會，不是驗收成果，是大家同樂，體驗樂趣。

除了體力，還有才藝。我希望慈小學生畢業時，至少可以學會一種樂器。之前我在錦和國小的管樂隊成功經驗，可以照搬到慈小嗎？

似乎不妥。

管樂氣勢磅礡，瞬間衝擊人心，宛如塞外姑娘馳騁大漠，舉手投足大開大闔，高調而引人注目，當然是很好的。但慈小的氣質應該是比較像江南兒女，婉約秀緻，溫柔內斂，以柔克剛，一舉一動如春風拂面，從一種溫文典雅中領略音律，感受人文，改變內心。

我決定了：國樂。

但是，剛到花蓮，人生地不熟，上哪找國樂老師？

這時教聯會傳來訊息，將組織國樂社，零基礎也可以參加。我二話不說直接報名二胡班，決定以學琴之名，行找老師之實。

還真的被我找到：林阿錡老師。他不僅教學嚴格認真，享有盛名，夫人也是慈濟委員。我請他來當指導老師，蒙他慨允，慈小國樂打下扎實深厚的基礎。此後，對外比賽獲獎倒不是重點，從慈院大廳演奏，撫慰病患及家屬心情；到精舍演出，曲目多樣，悠揚動聽；從畢業典禮到中秋晚會，掌聲不斷，佳評如潮。在在顯出只要老師願意教，學生的潛能是無限大。

慈小老師並非全是名師，有時在校園還真會遇見「不請之師」。某日我從慈大附中國中部走過，一學生正在練扯鈴，觀其高甩、轉身拋接、左右方向調鈴、金蟬脫殼、蜻蜓點水，非常精彩。

我上前詢問，原來她叫羅淑娟，家住彰化，曾代表學校參加縣市民俗體育錦標賽，獲得女生個人組第三名，更曾代表彰化縣參加二〇〇〇年全民運動會。由於父母是慈濟人，中學時，淑娟在父母的支持下，離家到花蓮就讀。

於是我問她願不願意在課餘時間來指導學童扯鈴：「在不影響課業的情況下，以輕鬆的心情來指導弟弟、妹妹就行了。」

她說好。我自掏腰包買了實用文具送她，以資獎勵。

這立刻產生雙重效應：她的同學看了，覺得原來只要一項技術練到專精，就可以當別人老師，受人尊敬，感覺真好；慈小學童看了，心想她年紀也沒比我大幾歲，專精某一領域，就可以得到校長的獎品，那我也可以啊。

一個月後，我問她，「你的學生學得還行嗎？」

她跟我分享：「他們一方面是我學生，但又像我弟妹。有些想法很特別，也有啟發到我。」

最令我佩服的是，除了教導扯鈴之外，淑娟也參加學校的醫院志工服務，並擔任國中部慈少社社長；和願意奉獻的同學一起到醫院當小志工，和花蓮師範學院的大哥大姊們合作，到兒童病房說故事，或參與掃街、義賣、淨灘等活動。

淑娟真是慈小學生的好榜樣！她二技讀慈濟科技大學，畢業後到臺東關山慈院服務，我也曾遇到過她。我問她怎麼會到關山？她告訴我：「因為要來的人不多，所以我就自願來。」這孩子實在是典範，我敬佩她。

慈小有一位女學生，特別喜歡押花，高中畢業後取得押花的講師資格，又去日本進修，也是取得講師資格，現在自己開工作室，開心接案。她說我影響她很深的一句話，就是「專心於當下，把當下每一件事做好，就會做出成績」。

我感觸特深：路上遇到的老師，對學生的影響，也不下於教授啊！教育工作者切勿小看自己的一句話、一個舉動、一個安排、一次鼓勵、一次獎賞，在學生心裏種下的種子，有時是始料未及的巨大。

老師心，菩薩心

掃廁所不是懲罰，是榮耀

在慈小鼓勵表現優秀的學生，不是給他物質的獎賞，而是給他當志工或打掃校園之類的服務機會。

例如掃廁所，過去被視為「懲罰」，但在慈小，是好學生才有的榮耀。誠如簡聰成主任說的：服務別人很重要，不能因為同學不乖就罰他們掃廁所，不乖就不會有愛心去服務別人、會做得不甘心。服務怎麼可以帶著不甘心和不高興呢？

慈小很多學生是獨生子女，家境優渥，父母寵愛備至，若是直接分配掃地工作，可能會錯失教育孩子的大好機會。

教育前，先讓他們參與討論，老師問他們：「全校最重要的地方是哪裏？」「校長室！」「圖書館！」「教室！」學生很踴躍，氣氛很熱絡。

老師再問：「全校哪一個地方，每一個人每天都要去？」

既然是最重要的地方，當然要由最優秀的人來掃。老師讓學生自己定義「最優秀」，自由推選。經過一番討論，激烈辯論，學生認為把本分事做好，主動協助他人，就是最優秀的人，所以他們投票選出六人。

老師依票數，排名一三五先打掃，二四六名監督，如果前一批沒掃乾淨，他們可以立刻替補。老師們很驚奇：學生榮譽感很高，很負責，完全不認為那是苦差事。

家長的反應呢？老師們更訝異了。家長比老師更熱衷！有一個學生，媽媽是企業家夫人，家裏廁所是傭人負責打掃，就因為孩子爭取到掃廁所的機會，於是跟孩子研究怎麼掃才乾淨，如何刷才徹底；還有一位家長志工主動分享，哪一種洗廁劑最環保，竟然發起團購！日本很重視生活教育，隔壁班有一個從日本回來的媽媽，還介紹日本最新科技強力去汙劑。彷彿研討會，很專業。

因為學生用心投入掃廁所，他們還會在廁所裏面布置，素材就來自學生。在慈小，學生無論是繪畫，書法，剪紙，老師都把作品裝框掛起來，從藝術館的展覽室，一路掛到會議室，掛到校長室，掛到走廊，目的就是告訴學生：你的作品很重要，全校師長都很重視，外賓來都會看到。

於是布置得很漂亮，就像五星級廁所一樣，學生下課、看書都跑去廁所；因為太乾淨了，學生都會去顧著，看看誰沒有好好使用。

這種訓練有一個重要的意義：培養責任，引發榮譽感。別人來使用廁所時，因為打掃者很認真，使用者除了有一個舒適愉悅的環境，也會小心使用。這是最獨特的獎勵，學生會積極爭取，影響之下，日常也會更用心把本分事做好。

結合課程的畢業少年禮

慈小的「畢業少年禮」有別於一般學校的畢業旅行，在活動裏融入課程，親師生參與，與別校合辦，多重意義，成效顯著。

我們選定的合作學校是花蓮縣港口國小。港口國小陳宥臻主任以其對東部海岸環境、部落、資源，課程的了解，提供我們很好想法。所有課程學生皆可提出看法，共思共構。最終版本是利用上課時，由學生和老師腦力激盪出來的。

綜觀慈小畢業少年禮，其意義有四：

第一，四大領域，面面俱到

兩校小朋友混合編為三隊，每隊八人。類似闖關遊戲，但更有趣也更有挑戰性。題目包含四大領域：一是自然與科技領域（族群與群落、水資源與汙染、生態平衡與自然保育）；二是語文領域（撰寫少年禮宣誓文、社區踏察）；三是社會領域（多元文化的社會生活、地球資源的永續利用、風土民情、阿美族、秀姑巒溪、東海岸等）；四是藝術與人文領域（阿美族舞蹈、音樂、木雕）。

題目不會難到讓孩子想放棄，但要完成倒也沒那麼容易。如：訪問阿美族耆老：祖先來源傳說、月洞對港口的阿美族重要性、阿美族是怎麼產生頭目？此外，需在港口國小的阿美陶藝館裏查看，阿美族陶的種類與製作過程；不用尺也不准隨意推估，有憑有據測量出石門洞最寬的拱門長度；找到單面山，以一條明顯的斷層線為例，判斷是左移還是右移斷層；找一小顆可以煮阿美族石頭火鍋的石頭，把它帶回來；檢測月洞的水的酸鹼度；找到港口部落的地標小山kakacawan（嘎嘎扎萬），設法測其海拔。

出題者並非天馬行空，刻意刁難，而是延伸課本，把教室搬到戶外；所以解答者自是全力以赴，樂在其中。

第二，三方共贏，滿滿回憶

少年禮參與人員為家長、老師和學生；宗旨之一是從人與自然的關係，了解自己、關心別人，熱愛自然；方法是團隊合作。

例如自力屋建造，前置作業請慈濟科技大學卓阿敏老師進行專題講座。當天他提供三把原住民族慣用之刀，每組配發小鐮刀、鋸子。學生穿長袖工作衣褲，戴帽子；連防曬油、蚊香、防蚊蟲物品都備便。並向安全組領取石灰粉、將營地四週作一界線。我們是如此注重細節！

建造自力屋對學生而言是很大的挑戰。一陣風吹來，因地基沒做好，學生巧手編織的茅草屋就在眼前緩慢地倒下。秋菊老師目瞪口呆，但隨即來個機會教育，告訴學童：「國小是基礎教育的階段，基礎打好很重要！」

跑沙灘是另一個重點。看表面，是從北回歸線碑到秀姑巒溪出海口，好幾公里的晨跑；論深層，是跟著太陽從太平洋日出時，隨著海浪聲，踏著沙灘奔跑。這種境教讓孩童的胸襟開闊，美麗朝暉，相信畢業生永生難忘。

晚上的營火晚會，花蓮縣教育局長也蒞臨鼓勵。晚會由一男一女自願主持，女孩的爸爸看到平時內向羞澀的女兒，此刻閃亮登場，落落大方。泛著淚光，感恩學校。我方和港口國小校長、老師、同學一起把營火點燃。我們也邀請港口部落的阿美族一起跳原住民族舞蹈，營火照得每個人臉上紅撲撲的，溢滿收穫的喜悅和滿足。

第三，兩校交流，互學共進

我們請港口國小的小朋友教會本校學生一首阿美族傳統歌謠及舞蹈，在營火晚會時表演；慈小負責教他們手語歌。另外，還請對方帶本校學生到 lokot（吉浦巒島，獅球嶼）上，全隊拍一張照片；在 lokot 上找一種植物，拍下來，寫下關於它的小百科。

這是從實地生活中學習與不同文化的夥伴相處，建構小學畢業前所具備的社交能力。

最溫馨的仍是學生獻禮時刻：我們學生精心修剪的迷你粽葉內包巧克力，在巧手裏串成了謝師禮：「禮輕情意粽」；此外，對方以回收舊衣裁剪、縫製成「手掌娃娃」，彷彿與收禮者同時綻放笑臉。從活動中增進同學及友校間的感情，作為美的感性回憶。

第四，一心一意，嚴謹踏實

少年禮第一天早上先升兩校校旗。校方慎重其事，之前發文給外交部：「賓主兩方，何方的旗先升？何在左何置右？」外交部依國際禮儀回函解說。我們是認真到這樣的細節！

少年禮之前的學習，學校請了吳雪月教官來教導學生認識野菜。因為有一餐是要學生烹煮野菜，可惜當地人告訴我們，採集地附近前些天有人噴農藥，我們為了安全，後來沒有食用。

家長擔任後勤，也讓第一線學生無後顧之憂，盡情揮灑。這位畢業生的心得很有代表性：

少年禮活動，讓我知道原來在人生成長的路上將會面臨許許多多的考驗。不管怎樣，都要勇敢的去面對。通過了，就可以更上一層樓，反之，也能得到許多寶貴的經驗。

我向來的主張就是：學校幫學生搭建很多舞臺，而且這舞臺是屬於全體小朋友共有，譬如活動、音樂會皆由學生自己企畫、主持，老師聯合家長從旁協助，意在不斷創造機會，讓學生擴展視野與膽識。令我欣慰的是，親師生三方每每共創三贏，收獲滿滿。我很享受和他們一起做事，他們做事就像瑞士鐘錶：不但精準，而且精準中還帶著優雅。

組成讀書會，老師熱烈參與

一九五三年我第一次站上小學講臺當老師，學歷只有師範畢業。根據教育部二〇二一年統計，具有研究所學歷的小學老師，比例高達百分之三十五；換言之，平均每三位小學老師至少有一人是碩士。

教師學歷愈來愈高，但我聽到愈來愈多老師說，孩子是一年比一年難教。

為什麼？

與其說我們怎麼教孩子，不如說我們想教出什麼樣的孩子。慈濟興學辦校的宗旨，是為了教出品行端正的學生。在慈濟，我們有一群志同道合、有理想、願意付出愛心的老師；有肯用心、努力學習的小朋友，更有組織健全、熱心參與學校活動的家長委員會。我們相信：師親生將共同營造孩子們在慈濟的金色童年。

我在學校組了一個讀書會，主要是閱讀《證嚴上人衲履足跡》系列叢書。這個構想是來自之前隨師的經驗。我相信「隨師」即「學師」，上人面對會眾、弟子、官員、一般社會大眾，各種身分之人的各類疑難雜症，閱盡世態人情，觀機逗教。若能汲取上人法髓，深刻自己的生命，豐富人生的內涵，心寬念純，法喜綿延，福慧圓滿。

老師與行政同仁日常都會面對工作的難度，人事的摩擦，如果能從《衲履足跡》系列叢書得到養分，有所啟發，把挫折內化成動力，我相信對於團隊向心力極有幫助。

一開始同仁問我，《衲履足跡》系列會不會太簡單？我說不要小看淺顯的文字，若能將一句簡單的道理，實際用在對人對事上，很不簡單。就如白居易向鳥巢禪師請法，禪師開示說：「諸惡莫作、眾善奉行。」白居易聞言說，這個道理很簡單，三歲小孩也知道。鳥巢禪師則回答：「三歲孩童能知曉，八十老翁行不得。」

很榮幸邀請到《衲履足跡》系列叢書主筆德仈師父，每週到校一次，每次一小時。德仈師父勉勵大家在讀書會中積極吸收上人的法，汲取德香、人文香。

我相信，辦好教育，一定要靠好老師。不只是要做「經師」，最重要的是做一個以身作則的「人師」。我們慈小有十二個班，那是四百八十個家庭被感化。

現在只要有空，我還是常常翻閱《衲履足跡》系列叢書。在我籌備慈小時，每遇工作挫折、不順心，每逢人事上的意見不合，我都從書裏尋求智慧，找到解答，撫平心緒；帶著力量繼續上路。

曾有公立學校老師好奇：你們老師週末週日活動，要不要補假？有沒有津貼？我說都沒有，而且他要做得很歡喜，這是很不容易的，就是利他精神。我很強調這一層面，無論是教師或行政人員，要做到上人說的「福從做中得歡喜，慧從善解得自在」。

我經常跟老師們分享，我最佩服的一種老師，就是他雖然本身有一些困境，他還在盡力幫助學生，這樣的老師我最尊敬。

一九八八年我在青潭國小當校長時，前任校長為發展美勞課程中的陶藝，購置陶窯，希望李耀瓊老師學陶藝。李老師原是社會科老師，為此先參加陶藝研習，進而到臺北市師院（後改制為臺北市立教育大學）修習美勞系，學會陶藝專長後，回校發展陶藝，成為學校特色。

我也長知識：原來陶藝作品還滿「厚工」的。這位老師常常留在學校留到很晚，只因為要「顧窯」。學生將陶土塑出一個形狀，杯子、碗盤、文具等，放在通風處，陰乾之後形成素胚。接著「素燒」，然後上釉，可以用噴漆或彩繪。最後進行第二次燒窯，稱為「釉燒」。胚體在經過一千二百度高溫燒製後，質地完整，釉料與胚體結合，上色完成。

但一件作品是分工完成：可能這班學生做素燒，下一批學生上釉，等到釉燒時又是另一組學生。燒出來的作品大家都很喜歡，卻要歸誰呢？

李耀瓊老師很有智慧，建議我：義賣。我完全同意，大表讚賞。於是我們用拍賣方式，把所有善款買了禮物，送到附近養老院和教養院。

讓我佩服的不只是他的專業和教學熱忱，我後來才知道，他自己的小孩是先天基因異常的罕病兒，要花很多心力照顧。但他為了學生作品，還是在學校留到很晚。雖然他家離學校不遠，但他那種為學生、為教育的精神，更屬難能可貴，更顯情操之偉大。

成功的教育，教育的成功

我一直有一個宏願：要把慈小的孩子教到就算他不穿制服，一站出去，表現出來的氣質讓大家一看就知道是慈濟教出來的孩子。

二〇〇二年一月我隨教育志業訪問團到日本交流。參訪某一教室時，日本老師介紹這是臺灣來的老師，就有小朋友問：「九二一地震，你們學童有沒有怎樣？」我當下很震撼。後來老師跟我說不好意思，事先不知會有人這樣問，希望沒有冒犯到。我說完全不會，我反而覺得他們生活教育很成功。

常常有人問我：怎樣才算成功的教育？

我的看法和一般制式的教育評鑑不同，我認為教育的成功，要看一個人日常生活的表現。首先，最重要的是：守規矩。

一位家長跟我分享，有一次開車不小心搶黃燈，車上的孩子立刻糾正他說「正確的做法是停下車，老師有教，而不是加速衝過去，因為這樣很危險」。我聽了很感動、很欣慰，這就是落實生活教育。

其次，要有愛。

我們舉辦跳蚤市場義賣，為九二一希望工程募款。「這包玩具十元，那個玩偶三十元，這組拼圖五十元……」學童叫賣聲此起彼落，家長供貨源源不絕。不論最後募款多少，親子同樂的意義遠勝一切。

第三，人與人之間的應對。

我們的茶道課，期待學童回家後，對家人可以奉茶；有客人來時，從打招呼開始。可以做到這樣，就是落實。教育一定要落實在生活裏，否則淪為紙上談兵，再好的理論也可惜了。

分攤家事，這個觀念是很重要的，除了茶道教室和花道教室，我們還特別規畫一間家事教室，有微波爐和電鍋等小家電。當初構想是，工商社會，家長有時忙於工作，來不及備餐。如果孩子會一點簡單烹飪，例如家裏常見剩飯，加蛋和番茄醬就可以炒飯；加水和其餘剩菜就成了鹹稀飯，方便省時又可充飢。

甚至更簡單，他把香積飯泡白開水，就可以享用。家長如果臨時要加班，來不及回家煮，不用擔心孩子沒飯吃。我們的教育理念就是：讓父母安心的孩子是最有福的。這些小細節孩子都可以自己處理，讓家長可以專心在工作上，這樣孩子會覺得：「自己年紀雖小，不也可以對家裏有很大幫助嗎？」在他心中就會產生一個效應：從日常去把自己照顧好；自己照顧好，將來長大後就可以有能力幫助別人，所以落實生活教育的效果就很明顯。

第四，擴「善」。

有一次，颱風過後，一位學童從門口經過，看大家忙著將倒地的樹木、破損的門窗、進水的區域收拾整理，於是問我：「我可不可以來幫忙？」我不忍小朋友弄溼衣褲，小朋友卻回家聯絡其他同學，跟著父母一起到學校整理。

所以颱風過後，除了看到全校的同仁努力清掃校園的身影，還有慈小的同學、家長都來幫忙。

第五，民主從小培養，民主是一種生活方式。

我堅持尊重學生，尊重老師和行政同仁，尊重家長，也因此，重視「守時」、「守分」，有很多人誤解為保守保舊。其實「守時」是對時間的尊重，對人的尊重，

「守分」是不離開教育的本質，即為人師表的初衷、教育初心。在「守分」之下，創新創意才不會失去原先意義。

我在任何會議，幾乎準點開始，準時結束。尊重時間，尊重每一個人，教師會議改為「教學與行政分享」。家長會不強調捐款，而是喚起家長重視教育。升旗典禮，我讓學生心得分享，就學校生活、學習，或各項心得，自由抒發，一方面培養民主，一方面練習膽量與表達能力。

慈濟團體品格的薰陶有獨到之處，每天志工早會的分享，上人的肯定，給予非常有效的社會性增強。如此善的循環，確實營造了品格教育非常好的場域。慈小朝會仿效志工早會，由學生主動溫馨分享，說出校園好的事蹟。相信透過這樣「說所知、做所說、說所做」，同儕之間可以精進學習，同時也可覺知「一起做好事」的愉悅感覺。如此一來，品德教育就有了實作平臺，才不會限於「知」的層面而已。

我常舉自己的例子：在汐止國小時，我教低年級和高年級。因為教師不足，每位老師必須從音樂、美勞、體育、自然四門課兼其中一門。別的老師兼音樂、美勞、體育，不用改作業。我兼自然，又要備課、蒐集教材、寫教案還需改作業。有次無意間問校長蕭吉洋原因，我不是計較，只是很好奇。校長輕描淡寫，只說一句「因為你可以」。所以我日後當校長，常跟老師分享：「多做多得，不計較。」

我當然也深知慈小老師不輕鬆。首先，我啟動「教師銜接服務」專案。新進老師對花蓮生活機能陌生，大多是外地老師，環境不熟。由資深老師引領服務，諸如熟悉環境，購買生活用品，交通指引，甚至接送，使新進老師有歸家之感。

其次，慈小創校之初，學生多為志業體員工子女，為配合志業體上下班時間，慈小老師每日工作時數長達十一個小時，比公立學校足足多出四小時之久，我也上簽呈為班導師爭取導師費津貼。

慈小校名有「實驗」這兩個字，我們在課程的設計上就可以比較彈性，實現慈濟的教育理念，真正落實在生活裏，從小落實，成為終生受用無窮的寶藏。

籌辦慈小期間，就有人不斷提點我：「慈濟志業體要吸引最好的人才，慈濟醫院要招募最優質的醫護同仁，慈濟大學要有一流的師資，他們如果來花蓮，孩子都只能選花師附小，而且還等不到，要排隊，這樣留不住人才。你要辦一所小學，把這些人的小孩留在花蓮；換言之，順便，也把這些一流人才留在花蓮。」

我辦到了，感恩全校同仁盡心盡力，付出無所求，一切為教育而努力。

退而不休落實佛法於生活

對我來說，付出良能，發揮專長，
正是人生最有福的事。

泰美好的教育

二〇〇五年依法我年齡已達屆退上限，於是送出簽呈，按規定申請退休，並準備回臺北落實慈濟委員社區工作。

沒多久，簽呈回到我手上，我打開一看，王端正副總在上面加註意見：擬借重楊校長在教育長才，調任慈濟基金會教育志業發展處服務，負責國中國小教育發展之籌畫事宜。

上人批示：如王副總建議。

於是，我到了教發處，主要承擔業務是參與臺南慈中、慈小創校籌備工作，並關懷印尼國際學校籌設事宜，輔導泰國清邁慈濟學校的運作以及人文教育的落實。

慈濟援助泰北細說從頭

一九四九年政府自大陸撤退後，一批國軍從滇緬輾轉流亡到泰國北部海拔一千公尺以上的山區，淪為難民。他們人數多達六萬五千餘人，分布於泰國六省，面積約有臺灣的三點五倍大。

中華災胞救助總會曾協助他們推動農牧改良，教以灌溉接枝等技術，幾年下來，生活頗有改善。但後續計畫將於一九九四年底屆滿，因此章孝嚴先生於年初特來花蓮請求慈濟協助。

一九九四年四月十八日，慈濟評估小組由王端正副總執行長領隊，包括德融、德旻法師與志工，踏上崎嶇難行、風沙滾滾、缺乏水源電力的難民村。同年十一月，二度勘察後，慈濟研擬「泰北三年扶困計畫」，希望改善難胞生活環境，提升學童教育品質，終能達到自力更生的目的。

上人表示：「唯有教育才能徹底解決泰北難民的生活問題，提升下一代教育品質，早日脫離貧困。」

援建學校首要之務是找校地。王副總領隊在清邁省芳縣（Amphoe Fang）找到合適的校地，於是開始籌畫設校事宜。一九九九年九月二十一日，天還沒亮我隨林副總就從清邁出發，前往學校預定地的芳縣。芳縣支會為我們準備了早餐。但還沒進餐廳，就先在客廳看到鳳凰衛視報導九二一地震災情。我們連坐都沒坐，決定立刻到校地。匆忙間趕緊打包早餐，至少可以在車上解決。

清邁號稱泰國第二大城，但山區小學破舊，茅草教室，大雨一來，屋裏跟著落小雨。老師們通常仍得兼做農活，若遇收成時節，停課十多天；且師資薪俸低、流動率高，倘若老師辭職，停學長達三、五個月，嚴重影響學童受教權。經濟與師資問題，學童教育斷斷續續，有的學童十六歲才小學畢業。

完成初步建校預定地勘查後返臺，林副總直奔臺中，我回到花蓮準備慈濟小學建校的後續作業。

永久保固的校舍，最有人文氣息的學校

一九九八年十月，慈濟正式向當地教育部門提出設校申請。兩個月後，建校核准。四年後，清邁慈濟學校小學部動工。負責工程的營造公司老闆鄭少儒保證：工程絕對有品質，永久保固。

二〇〇四年，清邁慈濟學校第一梯六位泰籍教師培訓開始，來臺灣展開為期半年的職前培訓課程，學慈濟人文也學華語。她們整天都在花蓮慈小，所以老師、行政同仁、學生，從早到晚的課程，從校內到校外的活動，所有一舉一動都看得很清楚。

學華語對她們來說不難，難適應的是生活儀規。以用餐來說，泰國人沒有使用筷子的習慣，拿不順手，夾不住飯菜，端碗還要龍口含珠（大拇指在上，四指合併於碗底）；持筷須鳳頭飲水（手部如鳳頭，筷身如鳳喙），一頓飯吃下來，他們彷彿受到震撼教育！

六位泰藉老師們在結束半年培訓後，簽下教師聘約，正式成為泰北清邁慈濟小學老師。

二〇〇五年五月十六日，泰國清邁慈濟學校小學部開學。為慈濟基金會在海外第一所興辦的學校。其他小學家長一開始看外觀，很好奇：「這是蓋皇宮嗎？為什麼要蓋那麼好？」

我常常跟泰國老師分享：「一定要帶頭做事，從校園打掃到志工訪視，先感動自己，再感動學生。」我深信這是全世界通行無阻、所有種族都適用的「愛的身教」。

泰北經濟環境普遍不佳，有些學生覺得家境不如人，習慣抱怨跟比較。為了引導正確的價值觀，學校每學期安排學生參與志工活動，讓孩子到慈濟照顧戶打掃關懷、陪伴獨居的爺爺奶奶。

我建議老師，願意當志工的學生自由參加，沒有意願的留班自習。那天早上出發前，老師請我等一下，她先去教室出作業給自習同學。結果一到教室，沒人！全都願意當志工。

我們用每個月最後一週的週六去訪視發放，幾次活動下來，很多孩子都說自己有父母陪伴而且衣食無缺很幸福。半年後，有家長願意週日與小孩一起當志工，家長都欣慰分享：「見苦知福。與其用講的，不如帶孩子親眼去看。」

在泰國，除了校務關懷，我也隨時注意學生狀況。有一次學校辦生活營，幾乎所有家長都來了。那一年主題是「孝道」，孩子向家長奉茶。活動設計兩位家長一組，和子女隔著布簾。媽媽伸出手，孩子摸手，找出自己的媽媽。

活動進行非常溫馨，但現場有一位男生在旁邊哭。我了解後，得知他的媽媽沒有來，竟然跑去臺灣。我向校方問了電話。回臺後，我特地到桃園蘆竹與這位媽媽碰面。原來她丈夫早逝，為了獨力撫養兩個小孩，來臺灣的阿姨餐廳裏打工，只想多賺點錢，為了孩子。

我說：「臺灣教育很好，你讓孩子留在泰國託親戚照顧，這樣下去不是辦法。你可以把孩子接來臺灣，在你身邊。孩子因為見不到你，不專心上課。你賺再多錢，都買不回親情。或是你回泰國工作，你的心在孩子身上，天天見面，工作也會順利，這樣的孩子是有福的。」

當我幾個月後再去泰國時，得知這位媽媽已結束臺灣工作，回到泰國。我的小小關懷讓這一家人免於分離兩地、飽受思念之苦。母子團員，結局圓滿。

這個小故事值得泰國的教育工作者參考。老師的態度，就是保持一種敏銳度。對學生的關心不只課堂上，也不是學生行為偏差才注意，也不是學生犯下錯才糾正。學生異常行為如果成為習慣，那教育就來不及了。如果預見未來可能出現叛逆、霸凌、消極抵抗、負面情緒，凡此種種，就要提前關懷。

評鑑：看見開花結果

二〇〇九年是《靜思語》出版二十週年，慈濟基金會與慈濟大學舉辦漫畫及書法比賽，共有近千人參與，包括九二一大地震慈濟援建的五十一所希望學校、全球慈濟人文學校學生都熱烈參加，經評審選出九十九件得獎作品。

清邁慈濟學校學生的作品以蠟筆畫呈現，畫風淡雅，展現靜思語內涵，也融入泰國文化；更以注音、泰文撰寫靜思語，展現雙語作品。其中有一位小朋友創作「屋寬不如心寬」靜思語，用蠟筆畫出泰國當地特有的房舍與景緻，讓我印象深刻。

二〇一二年六月一日，我隨王副總、慈濟大學王本榮校長率領的評鑑小組，至清邁慈濟學校進行首次評鑑。

王副總與朱塔拉・巴灣信（Chutarut Borwornsin）校長分享慈濟教育的特色：「我們要教育孩子的，就是品德教育、人文修養，就是豐富的智慧，就是懂得付出人間；對天下蒼生，貧苦的蒼生，我們要付出我們的大愛。」

朱塔拉校長提及，幾年前學校三度招考老師，每次報名都超過六十人，但最後頂多十餘位來面試。主因是地處偏遠，加上宿舍尚未完工，老師意願不高。宿舍完工後，師資來源已有很大改善。

泰國生活步調較慢，以往，上課鈴聲響，臺灣老師早已站在課堂上，泰籍老師才慢條斯理從辦公室走出去。經校方不斷叮嚀與溝通；如今他們會提早於上課鈴響前往教室走；此外，動作較之前敏捷，提高做事效率，跟其他學校很不一樣。這是眾多前來參訪的賓客，對清邁慈濟學校印象最深刻之處。

我從二〇一三年開始，每年到清邁慈濟學校至少兩次，最多四次；每次停留最短一個月，最長幾乎有三個月，直到二〇二〇年因疫情而中斷。期間還因為太過頻繁，一直延簽，引來泰國觀光局「特別關注」。

在這段不算短的長駐校務關懷日子裏，讓我印象最深刻的是二〇一四年，高中畢業生有二十三人考上大學，有四位前來臺灣慈濟大學就讀。這次的畢業典禮對於泰北當地及清邁慈濟學校都深具意義，因為這是慈濟進入泰北扶困的第二十年、也是清邁慈濟學校的第十年，首度有高中畢業生。開花結果，十年辛苦不尋常，學生優異的學業表現，以及守法有禮的生活態度，是全校師生對全球慈濟人長期關愛的最大回饋。

二〇二一年，慈濟大學東方語文學系艾順琴畢業了。慈濟基金會於一九九五年在泰國執行「泰北三年扶困計畫」，修建四個村子，其中之一就是艾順琴住的村落，慈濟一直陪伴他們到現在。艾順琴在精舍向上人報告：「我們有討論，想要在回賀慈濟村，建一個關於慈濟援助泰國的全記錄展示，希望後代子民，可以記住慈濟對我們的愛與關懷。」

王本榮校長曾說：學「生」不但要學習「生存」、「生計」，更要學習「生活」、「生命」。兼具專業能力與人文素養，才能像翱翔天空的蒼鷹，一飛沖天，俯瞰大地；裝上明辨事理的導航系統，才能飛在正確的軌道上。

這裏的「導航系統」，我個人解讀，指的就是千千萬萬個曾受過慈濟幫助、像艾順琴一樣的學生，能把感恩心化為行動，去幫助身邊的人、去回饋家鄉最需要溫暖的地方，以慈濟的大愛精神和生活實踐為前導，在人生大道上不斷做個提燈照路的人間菩薩。

雖然因為疫情暫時無法去泰國，但從視訊互動得知兩個情形，讓我很欣慰。

首先是關於校長。當外賓參訪，他們總會問：「請問你們校長是哪一位？」一般人或許難以想像這是多麼不易。

泰國的階級觀念很重。但是當校長願意和老師一起接待，一起做事，融入其中，外賓甚至看不出來，這表示校長是真正放下身段。

一早，校長站在校門迎接孩子。這個傳統從原本只有五十幾個學生，到現在一千多位都沒有變。這就是從我一開始帶他們的方式，我從慈小創校第一天開學就是這樣。

而且，不是只有站在那打招呼，而是去觀察每個孩子的精神狀況，他的服裝儀容，或是他今天有沒有什麼不對勁的地方：疲倦？沒吃早餐？如有異狀，馬上了解。現任校長的行事作風，思想的細膩，慢慢傳到老師身上。也因為如此，每位孩子都感受到校長的關心，所以他們也都很愛校長。

其次是關於老師。一直以來，每個慈濟人一再努力的方向就是：我們知道慈濟的理念好、慈濟做的事很好，可是這個好不是自用，而是要用什麼方式去影響更多的人來投入。這些老師踏出慈濟學校，到一所新學校，怎麼樣讓這所學校的老師跟你一樣有慈濟精神：跟你想的一樣，跟你做的一樣。

有些老師雖然離開慈濟學校，但是她們在這裏受慈濟人文薰陶，用在別的學校、別的老師身上，對方會立刻覺得真的很受用。這樣的回饋常常來自早期曾到臺灣培訓的泰國老師：「我們在慈濟裏面學的這麼多，我才用一點點在這個學校，就產生很好的效果，孩子也樂於受教，完全可以接受。」

我常跟老師分享：「莫忘初衷」。我們自己好，有基礎了，就必須往外擴。散播慈濟的理念，擴出去，傳下去。泰國幾萬間學校，只有一所慈濟學校。如果只靠一所慈濟學校的老師跟學生，要多久才有那個力量出來？

上人說：「路，不怕遠，只怕站。」五十六年前，慈濟也是從三十位家庭主婦，每日存五角開始。當然就是要透過大家不斷的去邀約，接引。然後一起把慈濟精神、理念宣傳出去，哪怕別的學校老師只會用到一點點也好，那至少，他們的學生就是受益者。重點是：我們在學生心底種下愛的種子，這個播種，就是生活教育。

生活教育一定要落實，不是寫在黑板的一句話，是去做。如此就能體會上人所言：「人人心中都有一盞明燈。」點亮它，它會點亮下一位，傳承就這樣，只有開始，沒有結束，所以叫「燈燈相傳無盡燈」。

那些年我們一起向慈濟學習

二〇〇二年泰國教育部開始推動「以佛教經營教學」，希望透過教育，落實佛法生活化，並將佛法用於學校的教學與各種活動。但是剛開始，他們還沒有具體的經營方向。

方向未明，社會失序卻愈來愈嚴重。泰國政府在二〇〇四年召集有志推動道德教育的專家學者，成立「道德中心」（Moral Center），由娜拉娣女士擔任中心主任，負責尋找世界各地「推動品德倫理」的團體，作為學習對象。

過了一年，泰國派遣第一梯次參訪團赴臺參訪慈濟，肯定慈濟人文與志業理念。爾後，陸續派遣各領域之參訪團前來交流學習。

二〇〇七年三月，泰國道德中心帶領兩團教育相關人員參訪慈濟，其中有一位泰國教育部基礎教育委員會辦公室（Office of The Basic Education Commission）的專家學者頒哲蓬博士（Dr. Bancherdporn Susansuk）非常感動，因此在回到泰國以後發起第一團，有三十位教育官員及校長返臺參訪慈濟。其後二年間，泰國教育部繼續安排四次參訪團。

返泰後，泰國教育部於二〇〇九年舉辦泰國中小學道德人文推廣會議，前四團共計約二百位中小學的督學及校長參與。宗教處的曾裕真師姊和我也來上一天的課程，其後教育部從中挑選有心推動慈濟教育精神的工作人員，進入五十一所學校。

二〇一一年一月，泰國舉辦慈濟教育人文研習營，邀請全國二百七十六位校長參與，以見證第一代曾受慈濟人文薰陶校長們的成果。希望能夠將佛法生活化，落實在校園。

頒哲蓬博士說：「慈濟是走入人間的佛法，與泰國傳統的佛法並無差別。但大乘佛教的慈濟，他們有助人的方法，這是我們要學習的。」

之後真的學以致用。從校長開始影響老師，老師每天在門口雙手合十歡迎學生，環保觀念落實於校園，啟發師長和學生的愛心，共同為社會付出，並帶動附近村民。

二〇一三年十二月十三日，泰國樞密院大臣甲賢（Dr. Kasem Wathanachai）帶領泰國道德中心、清邁大學代表共十四人，觀摩清邁慈濟學校品德教育課程，與教職員交流教學經驗。

甲賢大臣對慈濟學校很好奇，他的好奇引起我的好奇：別人參訪，最多一天，他連來七天！

最令他感到不可思議的是老師和學生一起做事。

我與他分享：以清潔而言，在慈小，全校師生都有掃地責任區，我和學生一同掃校長室。放下身段，親身做，能帶動，有感動。老師若只是扮演督導角色，學生就可能只為了應付檢查。如此一來，無法學習到「將工作美化」的態度和價值觀。學校備妥清潔用具，老師親自實作，學生一方面可以習得打掃方法，另一方面浸濡在「師生美化工作」中，共同「做中學」，生活教育的內涵，無形之中可以深植學生的生命體系。

甲賢大臣深表認同。七天後，對同行的不同人說：「我們來學慈濟人文！」不同人說相同答案：「我們學不來！」、「不可能的。」、「太難達成。」

甲賢大臣偏不信，他跟家長開會，家長開完老師開，老師開完主任開，主任開完校長開，校長開完再找第二批新的家長開。他不斷開會、不斷開會、不斷開會，雖是土法煉鋼，但精誠所至，百鍊鋼成繞指柔。最質樸的方法反而最能直指本心，最後影響了七所學校，泰國九世皇撥款數百萬推廣經費，請他務必繼續。

我曾多次被多位泰國官員和老師問及：「如何將慈濟精神落實在泰國？」我回答都是一樣：「放不下身段，不會有成果。從自己做起，當志工。」因為你從自己做起，身旁人會好奇，會詢問，會被影響，會被感動，愛的漣漪一定會慢慢擴大。

三個幸運決定了我的一生

走前人鋪的路，莫忘撒下未來的種子

除了泰國慈濟學校，我和印尼慈濟學校也很有緣。二〇一一年七月七日，印尼慈濟學校首次舉辦為期兩天的教師培訓課程。五十七位來自美國、新加坡、菲律賓、印尼、中國大陸、臺灣等地的老師，懷著雀躍心情，歡喜受訓，以迎接即將到來的五百多位新生。

我負責的課程是慈濟教育志業。除了舉例說明，還穿插小故事以加深大家的印象。同時透過印尼慈濟學校人室部主任陳美融的即時翻譯，讓所有老師對於「慈濟教育志業的現況與展望」、「建立合心共識的校園」，以及「慈濟學校的人文教育、生活教育與服務學習」有概略的了解。

無論在泰國或印尼，一般人一聽到慈濟學校，就知道是最有人文的學校。這一切都是因為走在前面的人不斷努力，累積出來的成果。在享有前人鋪路播種的同時，不要忘了自身使命：以父母心來教育孩子，讓孩子們懂得自愛愛人。

道業是在時間中累積的，慈濟首次針對單一國家學員，舉辦長達二十天的華語研習營，就是一九九九年五月二十一日至六月九日，六十二位印尼華僑及臺商子女在十一位印尼輔導爸媽的帶領下，返臺參加的「慈濟印尼華語文化研習營」，除了學華語、傳統文化及慈濟精神外，也期望孩子們能從營隊生活中學習獨立與成長。

此次營隊由我和慈濟中學校長曾漢榮負責課程設計。面對多數不懂中文、年齡層涵蓋九歲至二十歲的印尼學生，二十天的研習營課程上午以慈濟志業與靜思語為主；下午規畫手語教學、傳統手工藝、茶道、花道課程；課外活動則安排參訪慈濟各志業體，並與花蓮瑞穗國中、明廉國小學生文化交流。

我授課大多以講述、思考、討論、有獎徵答等方法進行。像國際賑災課程，主要是希望孩子們能體認到愛不應分國界、宗教與種族。討論時，學員們熱烈地表達意見，有人說：「慈濟很偉大，不只救臺灣，也救印尼人和全世界的人！」但也有人表示：「暴亂時，有些印尼人很壞，為什麼要救？」

孩子看到愈多仇恨、歧視、惡鬥，我們愈要用愛、寬容與和解，教育他們：「生活在印尼，頭頂人家的天、腳踩人家的地，要懂得回饋和付出；也唯有愛，才能化解一切紛爭和動亂，社會才能邁向安定。」

二〇一五年，印尼慈濟學校預計七月開辦中學部，需要具有慈濟人文以及華語教師專業的師資，因此，由慈濟大學、基金會宗教處、教發處共同辦理教師甄試與培訓。

四月十三日，六位研習學員於慈大人社院展開十日培訓。簡聰成主任已由慈小轉任教發處。這次研習，他負責「如何指導學生閱讀」課程。這是他第三度成為我同事，從錦和國小開始，到慈小，到教發處，我們理念相同，目標一致，默契十足。他博學多聞，做事細心，教育熱忱源源不絕，我感恩他在許多重大事件上給我建議、有力協助。

在資訊爆炸的時代，如何引導學生閱讀是一件極為重要的事。簡主任在課程中分享如何引發學生對書本的興趣，以及學習如何透過故事內容，讓學生思考其道理。

同年十月三日，十九位印尼慈濟學校教職人員至慈中進行人文尋根之旅。我印象最深刻的是他們回到心靈的故鄉靜思精舍，「做中覺、覺中學、學中悟」，感受精舍簡樸單純卻忙碌踏實的生活。

時間一下子把我拉回二十年前，我好像看到當年的我，跟著慈濟列車，第一次來精舍尋根，所體悟到的感動、溫暖與初發心的精進。

我於是似乎更能體會「靜思法脈，慈濟宗門」的立意，傳承就像這樣，一代又一代，一批又一批，譬如一燈，燃百千燈，冥者皆明，明終不盡。

我再把時間往前拉五十六年。三十位家庭主婦，一念心，單純而堅定：日存五角，即可救人。

隔年，我從教發處退休，展開另一段新路。以前在北部的老同事都覺奇怪，怎麼工作大半輩子還不去享清福？還一直找事做？

我笑了。對我來說，付出良能，發揮專長，正是人生最有福的事。

今生受記，來世繼續做慈濟

二〇〇六年，慈濟四十週年。上人首次提出「靜思法脈．慈濟宗門」，期待人人有志一同，世代傳承。同年底，我進精舍開會。開完會，上人走到我身邊，輕輕說：「來培訓清修士。」我一怔，尚未會意過來，正想進一步詢問，上人快步走進書房。身旁常住師父對我說：「上人年事已高，你教育資歷豐富又極具經驗，要多承擔些。」

翌年，在首場「清修士說明會」中，上人表示，慈濟宗門就是要走入社會群眾，各志業所需的人才不同，而清修士即是「以出家的精神，做入世的志業；以精舍為家，以眾生為己任，身心奉獻而無家累」。

我終生未婚，在別人眼中似是缺憾，但對我而言，無家累反而為日後受證清修士埋下伏筆。思及過往，我人生每一階段，似乎都預示了下一階段的新里程碑：從錦和國小退休到慈濟小學如此，從慈濟小學退休到以精舍為家、以眾生為己任也是如此。

二〇一九年十月十七日，農曆九月十九日觀世音菩薩出家紀念日，靜思精舍舉行第一屆清修士受證典禮，包含我共三十二人接受上人授證。

很多人問我：「如果沒有加入慈濟，退休要做什麼？」

我在錦和國小當校長之前，也就是加入慈濟之前，在青潭國小當校長時就開始規畫退休。其實說不上規畫，因為計畫很簡單，所以根本不用規畫。我想去圖書館、博物館、文化中心之類的文教單位當志工。我很適合，個性適合；我又是教職退休，樂於教人，專長適合。

更多人問我：「為何八十多歲了，還要來培訓清修士？」

我的回答很明確、很簡單、很輕快：「今生受記，來世繼續做慈濟。」

學生就像我孩子

我年輕時因為沒有家累，常參加三週、甚至長達一個月的研習，不斷自我精進，不是為了研習而研習，是想要充實自我，對學生有更多幫助。許多女老師也很有心，但結婚又有小孩，小孩都還很小，丈夫也在上班，就不方便離家一個月去研習。

兒女成群而享天倫之樂，和孑然一身而成為清修士，哪一種人生好？

人生其實沒有好壞問題，人生是選擇的結果。每個當下看到的果，都是當初選擇之因。重點是，當選擇攤在你面前時，要先想清楚，想得很清楚，再勇敢選擇，選了就要負責。

對，就是負責，自己的人生自己負責。

人生實在很短、很快，幾個大選擇就定型了：當初我有機會讀書，我選擇考初中、讀師範；我當老師時選擇不斷進修，成為校長；林副總請我籌辦慈小，我雖知極度困難，還是選擇勇於承擔；上人邀我加入清修士培訓，那不用選擇，那是指派，做就對了，是我的榮幸。

盤點一生，我有三個幸運，這三個幸運就決定了我的一生。

首先，我得到讀書的機會。在我求學時代，女生要一直讀書，然後當到校長，很不容易。就我個人而言，是媽媽全力支持加上大哥犧牲自己的權利，才造就我的機會：考初中，進師範。

其次，我很幸運成為老師，我認為老師是很棒的職業，尤其我面對的是最純真無邪的小學階段，他們年紀雖小，卻常常啟發我，有時凌空一點，其精妙處往往連我都自嘆弗如，真的就像孔子說的「後生可畏」。

童言童語，或純真可愛，足可解頤；或特有智慧，暗藏鋒機，正是我每日源源不絕的動力。

大陸深圳慈濟志工，兒子七歲時，回來臺灣就讀慈濟小學，與花蓮慈濟醫院耳鼻喉科陳培榕醫師的兒子陳煒翔是隔壁班同學。

當時（二〇〇一年），師兄罹患鼻咽癌，正是陳培榕醫師的病人。

有一天，兒子去找隔壁班的煒翔：「我的爸爸是你爸爸的病人，你回去可以跟你的爸爸講，特別照顧我爸爸一下嗎？」

煒翔說：「不用特別講呀，因為我爸爸對任何一位病人都同樣的好！」

目前兩個孩子都已大學畢業，但我對這段對話，記憶仍非常深刻——兒子還這麼小，就已經展現出他的孝心，七歲就會找人特別照顧爸爸，不但知道誰在照顧他的爸爸，還知道這位醫師的小孩跟自己讀同一所學校；古書上說，至誠之心，天地鬼神都震動，信夫！

而煒翔竟然對自己的爸爸如此有信心：「我爸爸對任何病人都同樣的好。」他的回答好有智慧，這是對爸爸的認識，這是對爸爸的信心，這更是對同學的最有效安慰。

學童的貼心，讓我覺得彷彿是自己的子女。總務處的麗貞老師，她有一次太累了，很不舒服，經過教室走廊，晃了一下。教室裏一位三年級學生趕緊拿一塊墊子，放在椅子上，說：「老師你很累了吧？墊子給你靠一下。」你看我們的孩子，對人的關懷可以細膩到如此地步！

有一天早上我六點多就到學校，竟然有人比我早，而且不是同事，是學生！問他為何這麼早來學校？他說我睡不著啊，我再問為什麼睡不著，他說因為太想來學校。另一位學生，八月中還在放暑假，打電話到學校問：「暑假怎麼放這麼久？好想快點開學喔。」我聽到這些話，再辛苦都值得。

還有一位學生，雖然只有在慈小讀過一年，後來因為父母工作轉到北部。新學校的同樂會，可以穿便服，自由表演一個節目。他穿慈小制服，唱慈小校歌，對新老師和新同學說「我是花蓮慈濟小學轉來的，我就是愛慈小！」

類似的例子真是舉不完。有一天，一位一年級學童一直仰頭看我，我一時興起，也跟他對看。看著看著，他忽然問我：「校長奶奶，你很老了喔？」

「是啊。」我笑著回答。

「那，你會擔心將來沒工作嗎？」

我一怔，笑回：「目前不會耶。」

「不然這樣，」他很認真告訴我，「將來你如果沒工作，我再養你好了。」

「謝謝你喔，你好善良。我記住了。」

還有一位很調皮的小男生，問我：「怎麼你都這麼老還來當校長啊？」我說：「因為我還沒把你教好啊，你看看你，不可以用這樣的語氣跟長輩說話喔！」

最後，也是最重要的，我加入慈濟，改變了我的一生。說「一生」其實還算「低估」慈濟的影響力，因為我是決心生生世世都要當慈濟人。

老的要「顧」，年輕的要「箍」

我常想到，今天的「慈濟形象」是多少前人篳路藍縷、長街陋巷，一步一腳印建立起來。如今，資深委員體力或許不像從前那樣矯健，但愛慈濟的心從未改變。上人叮嚀大家「要關心年長的慈濟法親，若是他們有需要，也可以為他們加強居家安全，最重要的是讓他們感受慈濟大家庭的愛。」

上人提到很傳神的八個字：「老的要『顧』，年輕要『箍』。」慈濟人要相互關懷、彼此照顧；帶出人人的慧命，與慈濟法親合和互協，同行菩薩道。

有一次我和幾位師姊去看花蓮地區一位資深委員，她感慨分享：「很健康的時候都可以參加活動，現在老了，總有點力不從心之感。活動，不是不想去，而是家裏有事，缺席一次，很容易缺席第二次；缺席三次，心裏就有疙瘩，因為真的不好意思再去；缺席五次，就習慣了，反正我都沒有去了，現在去也沒意義啊，會這樣想，所以久而久之，就再也沒有去了。」

「老的要顧，年輕要箍」。簡單八個字，前四個字是垂直的貫穿，是時間軸，日復一日，自然法則誰也躲不過，但關心一下，隨時請益，這是法親的暖心。後四個字是水平的擴展，每年年輕菩薩招生，愈多，愈遠，愈好。

環保志工羅劉菜蕊，做環保已經二十九年了。她與一大群環保菩薩向上人發願：「我要做環保，做到最後一口氣；寧願做到死，也不要病死在床上。」寧做死，不病死。這是很動人、很令人震撼的宣示。二〇一八年元月，上人首次提出「壽量寶藏」的概念：「五十歲存給師父，自我祝福還很健康，正是要做好事的時候。」

我也自我提醒：不要感嘆自己老了，要自我祝福，善用累積的經歷，回歸初心，再出發。依照上人說法，我也存五十年在上人那兒。這樣我才三十七歲，正是人生黃金歲月。難怪我每天在精舍跟著年輕人輪副執事也不覺得累。

期待，讚歎，感恩，尊敬

我在精舍輪副執事，這天走出大寮，忽然背後有人高叫「楊校長！楊校長！」

回頭一看，是我之前在慈小的同事耀文，我笑問：「你怎麼來了？」他說：「來洽公，看到校長精神還是這麼好，很開心。」

我很尊敬耀文，他是我「考」進慈小的，一開始我很「期待」他的表現，進慈小後他的表現讓我驚艷，我「讚歎」連連。二〇〇五年我從慈小退休後，二〇〇八年大愛臺劇組因為拍攝《竹音深處》訪問我，我提到耀文，對他充滿「感恩」。今天忽然又在精舍看到他，心中「尊敬」之情，油然而生。

期待，讚歎，感恩，尊敬。對同一個人的感覺竟有四種層次，而且隨著時間，漸漸變換，由淺至深，歷久彌新。這不是小事，必須一提。

籌備慈小期間，某日，一位慈大教授跟我說，他認識一位有為青年俊銘，很勤快，不挑工作，很好用，如果總務處需要同仁，可以用他。他尤其擅長水電，頭腦靈活，反應特快。

我很感謝教授的推薦，但我用人原則不會改變：公開甄選，俊銘要通過甄選才能任用。

既然公開，當然很多人來，耀文也來參加甄選。甄選方式很簡單，無須筆試，省略口試，考真功夫。考術科，就是手下功夫見真章，完全硬碰硬，取巧不來的。說難不難，說簡單還真不簡單，因為題目是我出的。

第一題，倒車入庫。慈小第一年借慈大教室上課，中午要從靜思堂後面的同心圓餐廳把熱騰騰飯菜運回教室。應試者必須把有蓬、帶升降設備的小貨車，倒車駛入餐廳專用卸貨坡道，但很多人這一關就被刷掉了。

為什麼？

同心「圓」餐廳，想當然耳，建築是圓的，坡道有一個弧度。倒車下坡，本已不易；加上弧度，更添困難。應試者方向盤打過頭，沒有及時回正，直接出局。

第二題，鋤草。慈小校地七點四公頃，每位小學生所擁有的校地面積居全臺之冠。七點四公頃是什麼概念？一公頃是一個半標準足球場大小，如果你站在一個標準足球場裏，把空地放大十一倍，大概是那樣的大小。

這工作不可能外包，創校之初，用人精簡，對董事會有交代，所以人員編制是精算過的，雖不敢要求一人十八般武藝樣樣精通，但用心即專業，要能獨當一面，獨立作業。

鋤草看似容易，行家一出手，就知有沒有。一位應試者一拿起除草機，還沒啟動，我立刻制止。因為我光看他起手式，就怕他接下來割到自己。

還有一題是考力氣，也考技術。要把菜湯桶從小貨車搬到兩教室之間的穿堂，很重。有位應試者力氣很大沒錯，但施力點拿不好，湯撒了滿地，他一直抱歉，我也只好抱歉把他淘汰了。

最後一題考植栽。我有一個心願：只要課本上提到的花草樹木，我都要種在校園裏，而且一年四季都要有開花的景象，蝴蝶紛飛，學童撲蝶，那是很美的畫面。

教授熱烈推薦的人，完全靠自己真本事，全部過關，我非常滿意。因為是自己認真甄選進來，所以非常珍惜。俊銘專長在水電，我就跟他和專長園藝的耀文說：水電要會園藝，園藝要學水電。哪一天你們一人有事請假，另一人就可以補位。

我特別強調，在慈濟志業體上班，有別於一般企業。既是職工也是志工，在充滿慈濟人文的氛圍下工作，從工作中得到付出的法喜，同時也是服務大眾、承擔使命。

如果只是上班打卡，那就有點像入寶山而空手而回，是很可惜的。面對工作的態度，不單只是養家活口，而是要有更多的使命感與承擔。

慈小創校之初，各部門人員尚未全部到位，這時補位就很重要了。一人常常需要身兼數職，假日也時常支援其他單位同仁，平時可能加班到很晚，但耀文和俊銘完全不以為苦，都覺得能多付出也是一種幸福，常以上班是職工下班是志工來看待。

另一位一定要提的是校護貞岑，我們行政同仁人數很少，老師都要上課，慈小創校之初，貞岑拿攝影機拍下校園活動，她本業是護理師，但當起攝影師可是有模有樣，一點都不含糊。

拍好之後，行政同仁淑瑗負責剪接，當時影音網站上的教學還不像現在那樣普遍，貞岑和淑瑗自己到花蓮圖書館借書來研究，把影片剪好，當天的校園活動一定送到大愛臺在慈濟大學內的東部新聞中心。所以那段時間很多慈小的新聞，溫馨又兼具教育性。

對同一個人的感覺竟有四種層次：期待，讚歎，感恩，尊敬。這一定是他原本家教就很好，進入慈濟志業體工作後，受到大環境薰陶，個人也不斷精進，才能給我如此深刻又異樣的美好感覺。

每一位同事都是我甄選進來，我對他們有最高期待：職志合一。他們超越我的期待，做事認真到這種地步！我很讚歎，退休後在大愛臺看到慈小的新聞報導，愈覺感恩。

時至今日，我對他們還是很尊敬的。我要求學生，每一個都稱老師。耀文老師、俊銘老師、貞岑老師、淑瑗老師，他們謙卑、熱忱、溫柔又勤奮的身影，在我腦海揮之不去。成為他們的同事，是我的榮耀，也是我的幸運。

終章
隨順因緣，安然自若

我讀小學時，很認真。那時小學畢業是要考初中的，從考場回來，一定的慣例是，老師會問：「今天考什麼？」、「考卷寫得如何啊！」有一個同學回說：「我會寫的，都是考前剛好有複習到的；考題沒出的，就恰好是我沒有準備的；我不會寫的那一題，就是老師沒有教到的。」

當時我雖然只有十二歲，對這位同學的說法卻頗不以為然。

我們準備考試，當然是全力衝刺，全心全意準備。怎麼把不會寫的，怪在老師頭上？應該是檢討自己準備不周才是，怎麼反而好像是老師的錯。至於沒準備又恰巧沒考到，只是一時運氣好，心存僥倖，絕非學習之道。而出的題目剛好自己有讀到，那也只能算正常發揮，無需特別張揚。

對於老師，我當時也有想法：當一個老師真不容易，固然無法全部命中考題，至少也要面面俱到，讓學生心服口服。

事隔七十多年，我竟然還記得當時的想法；或許，請容我這樣說，我覺得雖然不是刻意去當老師，但好像是很小就在準備，很早就注意到老師應該怎樣做，才是一位好老師。當時還小，當然對「好老師」還未形成明確、完整的定義，但隱隱約約覺得老師該這樣、該那樣，有預感好像是要走上這條路。

真的走上教育之道。我很幸運，來自好學校，一直到受完整師資培養。從啟蒙有很多好老師指導，有好校長領導，感恩所有的老師栽培，深恩無以回報。

後來到花蓮籌辦慈小，一路走來，太多太多貴人相助。別的小學圖書館，都是把三間教室打通當圖書館，我跟上人要一棟獨立建築當慈小圖書館。我記得當時為慈小規畫什麼，上人均慈允。慈小招生之初，花蓮好幾所小學校長擔心我們會吸引大量學生，反彈聲浪很大，設限條件很多。附近學區主委，對學校周邊環境頗多要求，強勢又悍然。於是校長們加主委，再聯合地方官，又帶上民意代表，精銳盡出。林副總召基金會相關單位一級主管，跟對方開協調會，辦地方說明會，邀請他們參加座談會。消弭批評，解決問題。

至於開學後，老師和行政人員，甚至學生家長，還有數不盡的全球師兄師姊家人般的給我各方面協助，我知道回報他們最好的、唯一的方法是辦好慈小，但受限於年紀，終究要退休，我想，我真的回報太少。

生命太短，「回報太少」又該如何？

我是佛教徒，總認為「乘願再來」是佛教最動人的觀念之一。靜思精舍是全球數百萬慈濟人心靈的故鄉，每天都有慈濟人回歸，或沉澱，放慢腳步；或尋根，飲水思源；或交流，茲長慧命。除了慈濟人，精舍也是外地民眾到花蓮常至之參訪勝地。

看著每天川流不息，形形色色的人潮，我忍不住想：這些遊客和慈濟人一樣，其中肯定有很多是乘願再來的菩薩。他們不是偶然來到世間，必有「一大事因緣」：完成前世未竟之志。

他們前世一定很努力、非常努力，這不僅是「此身不向今生度，更向何時度此身」的勇猛精進，也是「欲知前世因，今生受者是，欲知來世果，今生作者是」的悟時自明；但前世做不完、做不夠，所以今生再來，繼續完成。我每思及此，往往肅然起敬，心生歡喜，起效法之念。

我生平不信命中注定，但冥冥之中，背後似乎有一股推力，把我放在一個軌道上；於是，我也順其自然、安然自若在這個軌道上走著。

就這樣，我走著。

走著走著，從我十八歲正式當老師算起，我今年八十七歲了，每週六還跟德懿師父到社區做偏鄉教育。算一算，不知不覺六十九年教育生涯霎眼而過。

回想這一路走來，深獲學生、家長、同仁、社會尊重，堅持五育並重的全人教育理想，為育才不遺餘力。我相信德不孤必有鄰，教育需要結合一批志同道合夥伴，理念一致，全力以赴。曾國藩的名言「一息尚存，永矢弗諼」正是我此刻心情的最佳寫照。在百行百業中從事教職，感到很幸福，特別是在美善的慈濟世界，感受更深刻。孩子清淨無染，看他們成長，自己也享受清淨之美，實有無限感恩。於是，我在此莊嚴發願：「來生再回來慈濟教育志業服務。」

◆一九九九年七月十一日，慈濟大學附設中小學動土典禮，意義非凡。在眾位老師嘹亮歌聲中，無限期望，無限祝福。（上圖／照片提供／楊月鳳）

◆楊月鳳校長在慈小時每週都到一個班級上一節課，藉此了解學生，了解教育現場。（左上／照片提供／楊月鳳）

◆二〇〇二年楊月鳳校長歡迎宏都拉斯馬度洛總統參訪花蓮慈小。（左下／攝影／林炎煌）

校長講
慈大實小

◆楊月鳳校長與花蓮慈小學生的「和校長喝下午茶」時間，學生們規矩坐著的畫面很美。（上圖／照片提供／楊月鳳）

◆午餐時間花蓮慈小同學穿著圍裙、戴起口罩，擔任起打飯菜的服務工作。（左上／攝影／顏霖沼）

◆花蓮慈小的水池生態豐富，除了讓學生了解水資源的可貴，學生也常在池邊專心觀察水池內的生物。（左下／攝影／顏霖沼）

◆花蓮慈小創校校歌作詞家莊奴老師（右）與楊月鳳，二〇一三年在花蓮靜思精舍過年時相談甚歡。（上圖／攝影／黃天河）

◆泰國老師第二階段培訓，楊月鳳設計課程，擔任講師，期望將慈濟教育理念種子在全世界落地，生根，發芽，開花，茁壯，結果。（左上／照片提供／楊月鳳）

◆慈濟基金會副總執行長王端正（右）與楊月鳳（左）、陳朝海師兄（中）二〇〇八年赴泰國清邁勘查慈濟學校二期工程。（左下／攝影／林炎煌）

◆二〇〇八年三月十五日泰國清邁慈濟學校第一屆畢業典禮，楊月鳳頒發畢業獎狀予畢業生。（上圖／攝影／Lek）

◆泰國樞密院大臣一行人參訪清邁慈濟學校，楊月鳳與樞密院大臣互贈結緣品。（左上／攝影／杜知倩）

◆二〇一二年五月三十一日泰國清邁慈濟學校中學部舉行啟用典禮。（左下／攝影／林炎煌）

泰國清邁慈濟學校中學部啟用典禮
พิธีเปิดใช้อาคารมัธยม โรงเรียนฉือจี้เชียงใหม่

◆一九九九年楊月鳳為「慈濟印尼華語文化研習營」的學員上課。（上圖／照片提供／楊月鳳）

◆二〇一一年印尼慈濟學校舉辦教師培訓課程，楊月鳳（第二排中）與臺灣教聯會老師赴印尼分享，臺灣教聯會老師與印尼慈濟學校老師、慈濟志工合影留念。（左上／攝影／涂鳳美）

◆二〇〇五年花蓮區歲末祝福暨授證典禮，師姊為楊月鳳別上胸花，楊月鳳正式成為慈濟志工。（左下／攝影／蔡淑婉）

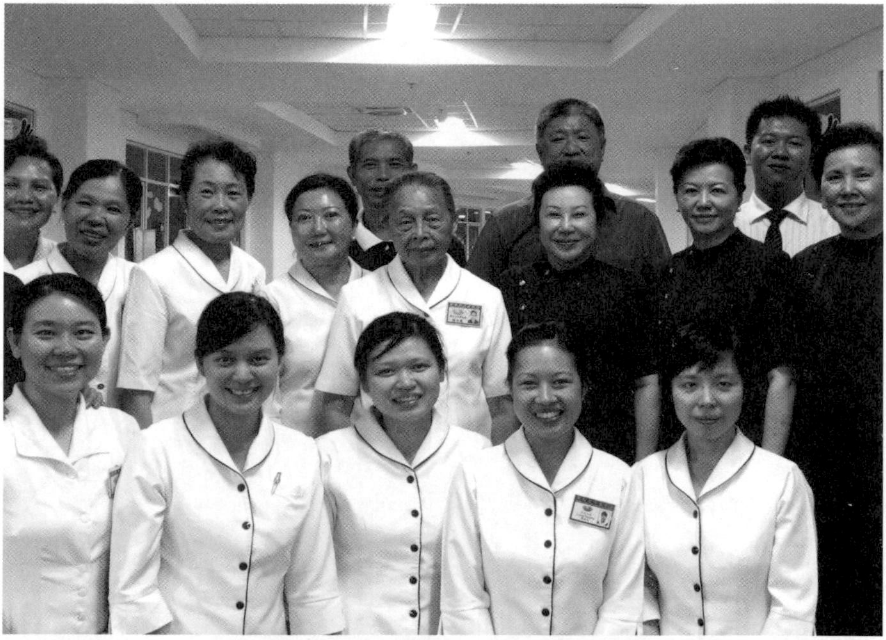

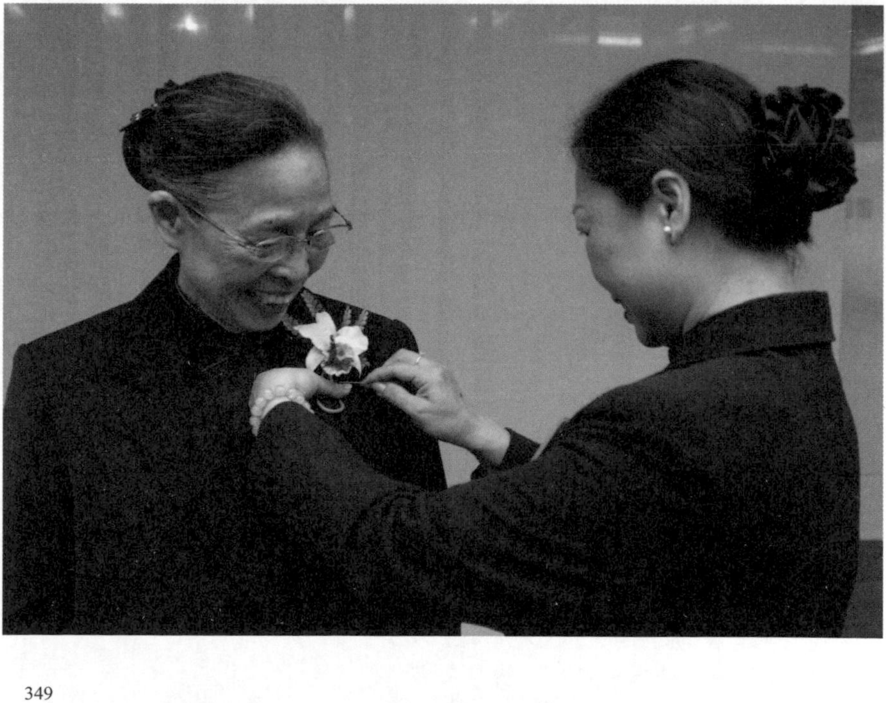

國家圖書館出版品預行編目(CIP)資料

白水鑑心：楊月鳳校長的教育之道 / 楊月鳳主述；王竹語撰
文. -- 初版. -- 臺北市：經典雜誌，財團法人慈濟傳播人文志
業基金會，2022.05
352 面； 15*21 公分
ISBN 978-626-7037-49-2(平裝)

1.CST: 楊月鳳 2.CST: 校長 3.CST: 臺灣傳記

783.3886 111002847

白水鑑心 楊月鳳校長的教育之道

主　　述／楊月鳳
撰　　文／王竹語
發 行 人／王端正
總 編 輯／王志宏
叢書主編／蔡文村、陳玫君
叢書編輯／何祺婷
美術指導、封面提字／邱宇陞
內頁排版／胡雅甯
出 版 者／經典雜誌
財團法人慈濟傳播人文志業基金會
地　　址／台北市北投區立德路二號
電　　話／（02）2898-9991
劃撥帳號／19924552
戶　　名／經典雜誌
製版印刷／禹利電子分色有限公司
經 銷 商／聯合發行股份有限公司
地　　址／新北市新店區寶橋路 235 巷 6 弄 6 號 2 樓
電　　話／（02）2917-8022
出版日期／2022 年 05 月初版
定價／新台幣 400 元

ISBN 978-626-7037-49-2（平裝）
Printed in Taiwan

＊參考資料：慈濟數位典藏資源網、《慈濟年鑑》、《證嚴上人衲履足跡》系列叢書、《落地生根 否極泰來》、《慈濟大學附屬高級中學・實驗國民小學創校十周年暨合校紀念專刊》、《愛・擁抱青春：在慈大附中相遇》、《桃園縣志》。

＊特別誌謝：慈濟基金會營建處鍾宜學高專、慈濟大學石美齡秘書、慈濟技術學院靜思人文林郁文組員、慈大附小簡聰成主任（退休）、陳麗貞老師、周秋菊老師、林貞岑老師。